KARL
WEINKOMPENDIUM

ak
verlag · gmbh

1. Auflage: September 1993

Telefon: 06123/72893 · Telefax: 06123/73899

ISBN 3-925771-11-5

KARL
WEINKOMPENDIUM

EINE ÖNOLOGISCHE COMICOGRAPHIE
von
Pater Anselm und Karl, dem Spätlesereiter

Pater Anselm und Karl bedanken sich für bereitwillige Mithilfe
bei:

Eberhard Kunkel
*... für die Ausarbeitung und Formulierung
des wissenschaftlichen Vortrages*

Patrick Kunkel
*... für die historischen Recherchen und die Auswahl
des Bildmaterials*

Michael Apitz
*... für die Dokumentation wichtiger Szenen im Bild
und die Bereitstellung lückenfüllender Illustrationen*

Simone Apitz · Eva-Maria Kunkel
*... für das Lettering der Sprechblasentexte und die
farbige Ausgestaltung der Dokumentarszenen*

Habe nun, ach! Philosophie,
Juristerei und Medizin,
und leider auch Theologie
durchaus studiert, mit heißem Bemühn.

Da sitz' ich nun, ich armer Tor!
Obwohl ich ihn im Glas beschwor,
kann ich den Wein noch nicht verstehn,
muß nach Johannisberg drum gehn,

um dort in mühevollen Stunden
des Weins Geheimnis zu erkunden.

IM KELLER DES KLOSTERGUTES JOHANNISBERG...
HUHUUU...! WO SEID IHR...?!
..?
HIER UNTEN, ECKERMANN, IN DES KELLERS TIEFSTER TIEFE... STEIG' ER ZU UNS HERAB!
O WEH, WIE KÖNNT IHR EUCH SOLCHEN GEFAHREN AUSSETZEN? ...FEUCHT UND KÜHL... ...DENKT AN EURE GESUNDHEIT, HERR GEHEIMRAT!

...DER WAHRE DICHTER SCHEUT NICHT MÜHE NOCH GEFAHR, WENN'S GILT, EIN GROSSES WERK ZU SCHAFFEN!
DA EUER FREUND NUN KOMMT, KÖNNEN WIR BEGINNEN. SAGT MIR GENAU, WAS IHR ZUM WEINBAU WISSEN MÖCHTET.
ALLES!
DIE GROSSE NACHFRAGE NACH MEINEM WERKE FAUST ZWINGT MICH ZU EINEM ZWEITEN TEIL. IN DIESEM WILL ICH DEN WEINBAU GANZ BE- HANDELN.
FAUST, ... JA, ICH HABE DAVON GEHÖRT...
NUN GUT, SO WERDE ICH MICH BEMÜHEN, DEN WEINBAU EUCH VON ALLEN SEITEN ZU BELEUCHTEN, ICH BEGINNE...
HALTET EIN, PATER ANSELM, ICH MUSS DOCH ALLES MIR NOTIEREN!

DAZU MUSS ICH MICH KONZENTRIEREN...
...!
...BIN ICH BEREIT ?
JA !
SO LASST MICH MIT DEM WERKE BEGINNEN !
:RÄUSPER: IM TIEFEN KELLER SITZEN WIR UND DAS NICHT OHNE GRUND...

... denn der beste Wein liegt stets im tiefsten Keller verborgen. In einem alten, wohlbekannten Märchen könnt ihr das schon lesen. Ich meine das Märchen von den zwei Brüdern.
Wie das in Märchen so ist, befreit ein strahlender Held eine Königstochter von einem bösen Drachen. Ein schlimmer Bösewicht versucht, ihn um seinen Lohn zu bringen. Das gelingt ihm zunächst auch ganz gut. Aber dann kommt der Held in die Stadt des Königs, gerade an dem Tag, an dem der Bösewicht die Königstochter heiraten will. Erinnert ihr euch an das Märchen? Der Held hat mehrere Tiere in seinem Gefolge, und er schickt seinen Löwen, Wein zu holen, wie ihn der König trinkt.

Der Löwe geht zur Königstochter. Diese erkennt ihn und ruft den Mundschenk, der solle ihm Wein holen, wie ihn der König trinkt. Der mißtrauische Löwe geht mit in den Keller „und als sie unten hinkamen, wollte ihm der Mundschenk von dem gewöhnlichen Wein zapfen, wie ihn des Königs Diener tranken, aber der Löwe sprach: ‚Halt, ich will den Wein erst versuchen', zapfte sich ein halbes Maß und schluckte es auf einmal hinab. ‚Nein', sagte er, ‚das ist nicht der rechte.'" Der Mundschenk versucht, ihm nun vom Wein des Marschalls zu geben. Den findet der Löwe zwar besser, aber noch nicht gut genug.
„Da ward der Mundschenk bös und sprach: ‚Was so ein dummes Vieh vom Wein verstehen will.' Aber der Löwe gab ihm einen Schlag hinter die Ohren, daß er unsanft zur Erde fiel,

und als er sich wieder aufgemacht hatte, führte er den Löwen ganz stillschweigend in einen kleinen besonderen Keller, wo des Königs Wein lag, von dem sonst kein Mensch zu trinken bekam ..."

DER CABINETKELLER

Der beste Wein liegt also in einem kleinen, besonderen Keller, hinten, weit weg vom Eingang, so auch hier bei uns in Johannisberg. Das ist aber nicht wegen der Räuber, nein, hier kann er ohne die Störung der immer wechselnden Witterung als Kind der Erde gleichsam im Bauch der Erde ruhen und reifen. Der Wechsel zwischen grimmiger Kälte im Winter und der flimmernden Hitze des Sommers reicht nur bis in die nächste Umgebung der Kellertür. Hier tief unten im letzten Keller bleibt die Temperatur immer gleich.

Wir nennen diesen Keller den „Cabinetkeller“ nach dem Vorbild der Grafen auf Schloß Vollrads, die schon im Jahre 1728 den Keller, in dem sie ihre wertvollsten Weine bargen, den Cabinetkeller nannten. Bereits zwei Jahre später taten es die klugen Mönche von Eberbach ihnen gleich, nur zwei Jahre später. – Ich fürchte, in späteren Zeiten wird man sich streiten, ob zuerst die Grafen oder die Mönche auf diese Idee kamen.

Noch heute lagern in der „bibliotheca subterranea“, dem ‚Cabinetkeller‘ des ehemaligen Klosters und heutigen Schlosses Johannisberg die besten Kabinettstücke …

Heute nennt jeder den Keller, in dem die edelsten Weine lagern, den Cabinetkeller, und das ist gut so; denn im Namen Cabinet sind zwei Bedeutungen aufs glücklichste vereinigt.
Wie ihr, lieber Freund Goethe, als Staatsminister und Geheimer Legationsrat sicher wißt, bezeichnet das Wort „Cabinet“ nicht mehr wie früher nur einen kleinen, abgeschlossenen Raum, sondern nun auch die edlen, wichtigen und hohen Herren, die, abgeschieden von einer vielleicht stören mögenden Öffentlichkeit, darin tagen, um zu herrschen und zu regieren.
Zugleich bezeichnet das Wort auch einen kleinen, gut verschlossenen Raum, in dem ein Fürst die wertvollsten Stücke seiner Kunstsammlung bewahrt, das Kunstkabinett. Ein Kunstwerk, das im Kabinett aufbewahrt wurde, nannte man bald ein Kabinettstück. Heute nennt man schließlich ganz allgemein ein besonders wertvolles Kunstwerk ein Kabinettstück.

Eines Weines aus dem Cabinet-Keller würdig ist dieser „Askos“, ein römisches Trinkgefäß aus Bronze in Form eines Weinschlauches. (Pompeji, 1. Jhdt. n. Chr.)

Auch der Wein ist ein Kunstwerk, und die Weine, die im Kabinettkeller lagern, sind besonders wohlschmeckende Kunstwerke.
Sie beherrschen mit ihrer Qualität die Weine in den anderen Kellerräumen. So haben sie sich, wie die hohen Herren der Regierung, im Kabinett versammelt.
Hier ist die einzige Möglichkeit, dem Geist des Mitgliedes einer Regierung auf der eigenen Zunge zu begegnen.
Hier in diesem Keller lagern also lauter Kabinettstücke …

Der ‚Cabinetkeller' der Staatsweingüter in Eberbach (Rheingau) befindet sich heute in der alten Fraternei des ehemaligen Zisterzienserklosters.

... SOLCH EIN "CABINETSTÜCK" HABEN WIR IM GLASE!
DAS IST EIN VORTREFFLICHER ABSCHLUSS, DA BLEIBT MIR NUR NOCH, MICH GANZ HERZLICH ZU BEDANKEN, PATER!
...ABSCHLUSS... ...BEDANKEN...?
...DAS WAR DOCH ERST DAS VORWORT, DENKT IHR, ZUM WEINE GÄBE ES NICHT MEHR ZU SAGEN!?
?!
... FÜR MICH, HERR GEHEIMER LEGATIONSRAT, IST DER WEIN EIN **KUNSTWERK**, ÜBER DAS ES VIEL ZU SCHREIBEN...
JA, NATÜRLICH...
...UND ZU BERICHTEN GIBT! ...UND DIE DEN WEIN BEREITEN, SCHÄTZE ICH KÜNSTLERN GLEICH, DEN MALERN, DEN MUSIKERN...
SCHON, SCHON...
...UND SOGAR DEN DENKERN UND DEN DICHTERN!
HOLLA, DAS GEHT ZU WEIT!

Ich beginne mit der Geschichte von Naboths Weinberg. Ahab, der König von Israel, wollte einen Weinberg erwerben, der nahe bei seinem Palaste lag.

Der Weinberg

Der Weinberg aber gehörte einem Manne namens Naboth. Als er nun zu Naboth kam und sagte: ‚Gib mir deinen Weinberg, ich will mir einen Kohlgarten daraus machen. Für den Weinberg gebe ich dir einen besseren oder Silber, soviel wie er wert ist', weigerte sich Naboth, auf dieses Geschäft einzugehen und sagte, er wolle ihm den Weinberg, das Erbe seiner Väter, nicht geben. Da ärgerte sich der König so sehr, daß er sich ins Bett legte, sein Gesicht zur Wand kehrte und nichts mehr aß.

Des Königs stolze Frau Jesebel aber ließ den Naboth umbringen, indem sie ihn durch falsche Zeugen beschuldigen und dann steinigen ließ. Eine sehr menschliche Geschichte ist das, leicht verständlich, eines nur bleibt unklar.

Warum wollte Naboth den Weinberg nicht hergeben? Sooft ich diese Geschichte hörte, habe ich mir überlegt, warum sich einer für sein Erbe umbringen läßt, und ich glaube jetzt, allein die Ehrfurcht vor dem Vermächtnis der Ahnen kann das Verhalten Naboths nicht erklären.
Wenn ich aber daran denke, welcher Pflege ein Weinberg bedarf, daß er nach der Pflanzung zwei oder drei Jahre lang umgegraben, gedüngt und geschnitten werden muß, bis er Trauben bringt, und daß er erst nach Jahren, wenn er zur vollen Reife gelangt ist, die Trauben bringt, die den besten Wein ergeben, dann kann ich seine Weigerung sehr gut verstehen. Die Reben sind ihm in der langen Pflegezeit ans Herz gewachsen. Wie seine Kinder sind sie ihm geworden, und nun kommt einer und will sie aushauen und an ihre Stelle einen Kohlgarten pflanzen. Denkt euch, einen Kohlgarten! Seine ganze Arbeit soll umsonst gewesen sein, und der fette Geruch des Kohls den lieblichen Duft des Weines verdrängen.

Da kann ich den Winzer Naboth verstehen, und ihr mögt daraus erkennen, wie eng die Arbeit im Weinberg den Winzer mit den Reben verbindet.

Noch an ein Zweites denke ich bei dieser Geschichte. Nicht jedes Stück Land eignet sich zum Weinberg. Wenn man einen richtigen Weinberg gefunden hat, soll man ihn nicht in einen Kohlgarten verwandeln.

Die Rebsorten

Bevor noch der Winzer die Reben pflanzt, beginnt seine Arbeit. Er muß die richtige Rebe auswählen. Es gibt sehr viele verschiedene Rebsorten. Wie große Herren treten sie auf, deren Adel in der Anzahl ihrer Namen erglänzt. Je älter und berühmter eine Rebsorte ist, desto länger ist die Reihe ihrer Namen. Jedes Weinland verleiht ihr einen eigenen Namen. Wenn man an die Vielfalt des Geschmackes bei gleichbleibendem Charakter denkt, könnte man die Reben auch mit Schauspielern vergleichen, die in verschiedenen Verkleidungen auftreten, denen dabei ein einziges Pseudonym nicht genügt. So kann der Weinfreund meist eine ganze Namenslitanei von seinem Liebling hersagen.

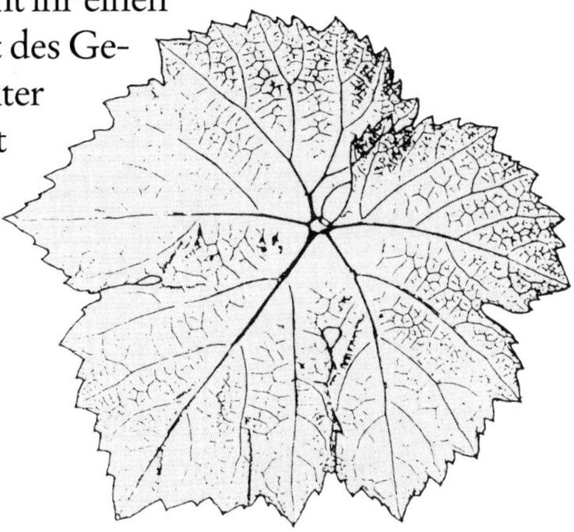

Auch an ihren unterschiedlichen Blättern kann man die einzelnen Rebsorten erkennen: Hier die Blätter des Rieslings (oben) und des Silvaners.

Der Riesling z. B. heißt in Deutschland auch weißer Riesling, Rössling, Rheinriesling, Moselriesling, Rheingauer, Johannisberger, Klingelberger, Kastellberger, Gewürztraube und Pfefferl.
In Frankreich heißt er Riesling blanc, Gentile Aromatique, Petracine, in Italien Riesling renano oder einfach Reno und in den USA Johannisberg Riesling.
Der Silvaner heißt grüner Silvaner, Franken und Österreicher in Deutschland, in anderen Ländern grüner Zierfandl und Fliegentraube (Österreich), Silvain vert, Picardon blanc und Gamay blanc (Frankreich), Zölds zilváni (Ungarn) und Morawka im Land der Tschechen und Slowaken.

„Der Gärtner mit dem Weinstock", von Albrecht Dürer (vor 1515).

Ähnlich verhält es sich mit den Rebsorten, aus denen Rotwein gewonnen wird, wie z.B. dem Spätburgunder. In Deutschland heißt er blauer Spätburgunder, Blauburgunder, Clävner und Klebrot, in Frankreich Pinot noir, Franc norien und Bourguignon noir, in Italien Pignol oder Pignola und in Ungarn Kisburgundi kék.
Der blaue Trollinger, der hauptsächlich in Württemberg und in Südtirol angepflanzt wird und dort die Winzer mit einem guten Rotwein erfreut, heißt einfach Trollinger, trägt aber auch so seltsame Namen wie Bocksauge, Bockstraube, Hammelshoden, Zottelwälscher, Pommerer und Bammerer. Daran kann sich die Phantasie der Namensforscher fröhlich entzünden. In Südtirol heißt der Trollinger Groß-Vernatsch, Edel-Vernatsch oder auch Meraner Kurtraube, im südlichen Italien nennt man ihn Schiavone oder Uva cenerente und in Frankreich Raisin bleu de Frankental oder Chasselas de Jerusalem. Was mag wohl der Weinfreund denken, der seine Meraner Kurtraube als Zottelwälscher wiedertrifft.

Der Winzer muß diese Sorten bei all' der babylonischen Namensverwirrung schön auseinanderhalten und bedenken, welche Rebsorte auf seiner Erde, bei der Lage seines Weinbergs und dem besonderen Klima den besten Wein ergibt; denn nicht jede Rebsorte ergibt überall den gleichen Wein.
Alle Reben haben so etwas wie eine wahre Heimat, in der ihr Wein die höchste Qualität erreicht.

Nehmt unseren Riesling als Beispiel. Man sagt, daß er sich quälen müsse, um seine höchste Reife zu erreichen. Nur im klimatischen Grenzbereich bringt er seine besten Weine. Wenn man's ihm leicht macht, im Süden etwa, dann wird er fett und träge, und seine Weine werden schwer und plump. Die spritzige Eleganz, die phantasieanregende Verbindung zwischen edler Süße und feiner Säure, vermag er nur in unseren nördlichen Breiten hervorzubringen.
In trockenen, flachgründigen, steinigen Südhängen wächst hier keine Rebe besser als der Riesling. Er braucht die Sommersonne, aber er vermag auch viel besser als andere

Rebsorten dem Frost des Winters zu widerstehen. Winterfröste bis zu 20° und, wenn das Holz der Reben gut ausgereift ist, bis zu 25° unter Null übersteht der Riesling fast immer ohne Schaden. So trefft ihr den Riesling am häufigsten am Rhein (Mittelrhein und Rheingau) und an der Mosel (Mosel – Saar – Ruwer). Auch an der Bergstraße und in der Pfalz gedeiht er prächtig. Ein anderes Beispiel ist der Silvaner, eine Rebsorte, die vielleicht schon den Römern bekannt war und mit der von dem römischen Schriftsteller Plinius (24 – 79 n. Chr.) beschriebenen Bienenrebe, der vitis apiana, verwandt sein könnte. Der Silvaner braucht bessere Böden als der Riesling. Er braucht auch mehr Feuchtigkeit, und im Winter fühlt er sich gar nicht wohl. Wir haben erlebt, daß Fröste, die dem Riesling kaum Schaden taten, den Silvaner ganz umbrachten.

Fränkische Weine werden in den „Bocksbeutel" gefüllt. Hier eine 1893er „Würzburger Abtsleite" des Würzburger Juliusspitals.

Die Heimat des Silvaners ist vor allem in Rheinhessen und Franken. In den Weinbergen von Oppenheim, Nierstein und Würzburg z. B. vermag er edle Weine hervorzubringen.

Die Burgunderrebe, die aus Burgund zu uns gekommen ist, will einen warmen und nahrungsreichen Boden haben, der tief gründet und auch genug Feuchtigkeit birgt. Dem Winterfrost trotzt sie fast so tapfer wie der Riesling. Sie hat vor allem in Baden und Württemberg eine Heimat gefunden, z.B. am Kaiserstuhl, wo sie auf warmen Kalkböden und in der Vulkanerde wunderbar gedeiht. Sie trägt aber auch im nördlichsten unserer Rebengebiete, an der Ahr, Trauben, aus denen ein köstlicher Wein bereitet wird.

Der Winzer muß also zuerst überlegen, welcher Rebsorte sein Weinberg am besten bekommt. Dann muß er hinaus und den Weinberg vorbereiten. Dabei denke ich immer an eine alte Geschichte.

Das Urbarmachen des Bodens mit Hilfe des „Karstes" zeigt dieser Holzschnitt aus der deutschen Ausgabe des Landwirtschaftshandbuches des Petrus de Crescentiis (1233 – 1320) von Peter Drach aus dem Jahre 1493.

Die Erdarbeit

Vor vielen Jahren lebte einmal ein Winzer, der fleißig in seinem Weinberg arbeitete und im Herbst immer den Dank seiner Reben ernten konnte. Er ärgerte sich oft darüber, daß seine Söhne nur mißmutig zur Arbeit in den Weinberg gingen und gern ihr Arbeitsgerät liegen ließen, wenn anderwärts Kurzweil geboten wurde. Oft dachte er darüber nach, wie er das ändern könne. Als er auf dem Totenbette lag, sagte er zu ihnen, er habe in seinem Weinberg einen Schatz vergraben. Sie konnten ihn aber nicht mehr dazu bewegen, ihnen zu sagen, an welcher Stelle im Weinberg er den Schatz begraben hätte. Da er nun tot war, gingen sie hinaus und begannen im Weinberg zu graben. Sie gruben fleißiger, als sie je gegraben hatten und lockerten das Erdreich um die Reben herum bis tief an ihre Wurzeln. Einen Schatz fanden sie nicht, doch Sonne und Regen konnten nun tief eindringen in die Erde und der Herbst

brachte ihnen eine reiche Ernte. Da merkten sie, welchen Schatz ihr Vater vergraben hatte.
Das ist eine einfache Geschichte, die natürlich nicht die ganze Schwierigkeit der Weinbergsarbeit aufzeigen kann.
Wie schwer die Arbeit im Weinberg ist, möget Ihr erkennen, wenn Ihr Euch daran erinnert, daß die römischen Legionäre ihren Kaiser Probus (276–282) im Weinberg erschlugen, als er ihnen befahl, dort den Winzern zu helfen.

Wir haben bei unseren Arbeiten festgestellt, daß das Graben allein der Weisheit letzter Schluß nicht ist. Auch beim Graben muß man auf die Lage des Weinbergs achten und darauf, wie der Boden beschaffen ist. Oft ist es günstig, wenn man dafür sorgt, daß der Weinberg nicht wie ein nackter Mann am Hang liegt, sondern ein grünes Kleid aus Gräsern und Kräutern erhält. Dies Kleid kann dem Winzer helfen, den Wasserhaushalt im Weinberg zu regulieren. Dort, wo es sehr feucht ist, wo mehr Wasser ist, als die Reben brauchen, dort pflanzt er Gräser und Kräuter, die über große Blätter das Wasser verdunsten. Auf trockenen Böden sät er Gräser mit schmalen Blättern, die er mehrmals schneidet, damit sie nur wenig verdunsten und die Feuchtigkeit dem Boden erhalten bleibt. Dabei muß er auch noch darauf achten, daß der Boden durch das Pflanzenkleid, wenn es vergeht und zu Humus wird, nur im rechten Maße gedüngt wird.

Regen ist notwendig, damit der Boden die nötige Feuchtigkeit erhält. Starke, plötzlich einsetzende Gewitterregen kön-

Das Hacken, Schneiden und Binden im Weinberg, nach einem angelsächsischen Kalendarium des 11. Jahrhunderts.

nen im Weinberg aber auch viel Schaden anrichten. Auf steinigem, porösem Grund, in den das Wasser leicht eindringen kann, geschieht meist nicht viel, da das Wasser schnell versickert. Selbst in Steillagen bleibt die Erde fest. Wenn dagegen z. B. lehmige Erde die Poren des Bodens schnell verschließt, läuft das Wasser den Hang hinunter, förmliche Bäche bilden sich und reißen das Erdreich ins Tal. Mühsam muß der Winzer dann die ausgeschwemmte Erde wieder hinauf in seinen Weinberg schaffen.
Hilfreich erweist sich auch hier das grüne Kleid, da die Gräser und Kräuter mit ihren Wurzeln die Erde festhalten.
Ein wenig helfen auch Stützmauern, die verhindern, daß die Erde auf den Weinbergsweg abrutscht.

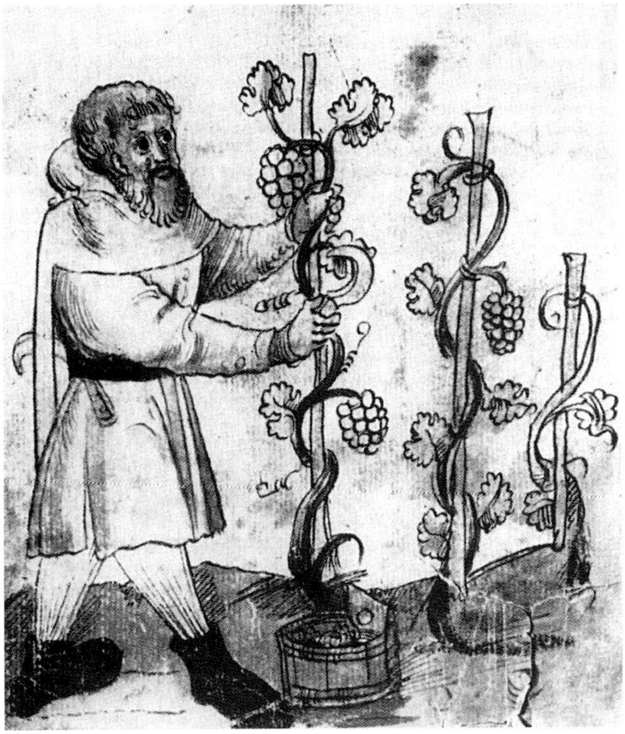

Eine Zeichnung aus dem berühmten Hausbuch der „Mendelschen Zwölfbrüderstiftung" in Nürnberg. Erinnert wird auf diesem Bild an „Fritz Rugenstein, der ein weingertner … gewest". Wir sehen ihn mit einem Lesebüttchen und einem Rebmesser bei der Traubenlese. Ein Krummmesser zum Einkürzen der Reben trägt er als Berufssymbol im Gürtel.

In manchen Weingegenden sind die Berghänge zu übereinanderliegenden Terrassen umgestaltet, wie z. B. am Kaiserstuhl, wo sich großräumige Terrassen übereinandergestaffelt an den Hängen hinziehen oder am Klosterberg in Maulbronn, an dem schief angelegte Terrassen dem Winzer die Arbeit erleichtern. Die mit Stützmauern befestigten Terrassen können den Weinberg auch ein wenig weniger steil machen. Die Stützmauern baut der Winzer meist als Trockenmauern, d. h., er setzt Steine so, wie sie einigermaßen zusammenpassen, aufeinander, ohne sie mit Mörtel zu verbinden. Das Wasser des Berges, das gegen die Mauer drückt, kann so durch Ritzen und Spalten abfließen. Zugleich sind die Mauerlöcher ein Paradies für Eidechsen, die man dort an sonnigen Tagen beobachten kann.

Aber nicht nur, um Mauern zu bauen, schafft der Winzer Steine in seinen Weinberg. Mancher Winzer hat auch schon in mühevoller Arbeit die Schieferplatten eines alten Daches zerschlagen und in seinen Weinberg geschleppt, um dessen kalten Boden mit Schiefer zu erwärmen; denn der Schiefer speichert die Sonnenwärme des Tages, führt sie ins Erdreich und strahlt sie nachts auf die Reben. So kann der Winzer auch mit Steinen die Qualität seines Weines verbessern. An vielen Stellen in unseren Bergen an der Mosel und am Rhein ist das freilich nicht nötig, da sie aus Schiefer bestehen. Seht euch nur einmal bei Bacharach die Weinbergslage an, die sie den Hahn nennen. Da liegt der Schiefer blau in den Weinbergen und gibt dem Wein einen besonderen Geschmack.

Das Wetter

Meist denkt der Stadtmensch, der Winzer sei dem Wetter und vor allem dem Winter und dem Frühjahr mit seinen Frösten hilflos ausgeliefert. Vor einiger Zeit habe ich dazu den interessanten Bericht eines Mitbruders aus dem 15. Jahrhundert gefunden. Er war schwer zu entziffern, in einem altertümlichen Deutsch geschrieben und mit lateinischen Worten gelehrt verziert. Leider habe ich ihn verlegt und kann ihn daher nicht vorlesen. Ich will ihn aus dem Gedächtnis zitieren. Er lautete etwa so: „Einst weilte ich als Gast bei den Mönchen in Maulbronn, die dort einen herrlichen Riesling kultivieren. Ein heller Tag war es im Frühling, und zarte Knospen zierten schon die Reben. Doch die Mönche sahen mich sorgenvoll an; denn manche Wetterzeichen ließen sie einen harten Nachtfrost befürchten. In der Nacht wachte ich auf von hastigen Schritten, die durchs Kloster eilten. Dann wurde es still, aber ich merkte, daß draußen etwas Besonderes vor sich ging. Keiner rief mich. Sie hatten mich ganz vergessen. So stand ich auf und ging nach draußen, fand dort aber niemanden. Da lief ich zum Wehrgang, einen Überfall befürchtend.

Noch heute schaudert es mich, wenn ich daran denke, welch ein schrecklicher Anblick sich mir da bot. Die Weinberge brannten …

N. d. Nat. gez. u. lith. v. C. Obach. G. Küstner gedr.

Das Kloster Maulbronn (Kupferstich, um 1820). Blick auf die Westseite des ehemaligen Zisterzienserklosters. Im Hintergrund erkennt man die Weinberge des Klosterberges.

Erst als ich genauer hinsah, bemerkte ich, daß da auf den schiefen Terrassen des Klosterberges in den Weinbergszeilen viele Feuer brannten, und ich sah die Mönche und Laienbrüder, die wie dunkle Nachtvögel an den Feuern hockten und die Brände schürten. Da ging ich ins Tal hinunter bis zum berühmten Eilfingerberg, dessen Wein so gut ist, daß sich die strengen Zisterzienser gar eine Änderung in ihrer Fastenregel wünschten. Zur Fastenzeit durften sie keinen Wein trinken, sondern nur ihre Finger in Wein tauchen und ablecken. Da sollen sie sich einen elften Finger gewünscht haben, um in der entsagungsvollen Zeit wenigsten den Eilfinger ein wenig besser genießen zu können. So soll auch der Berg zu seinem Namen gekommen sein. Auch dort brannten die Frostfeuer." Man sagt, es sollten Zeiten kommen, in denen keiner mehr die Geschichte vom Eilfingerberg verstünde, da die Menschen im Überfluß so gierig geworden seien, daß sie die Unbescheidenheit des elften Fingers nicht mehr einsehen könnten und meinten, ein vernünftiger Mann hätte sich doch wenigstens zwanzig Finger gewünscht. In solchen Zeiten werde man die Geschichte des Namens dieses Berges für eine Legende halten.

Ein Frostofen zur Ölfeuerung gegen die Frühlingsfröste in den Weinbergen. (Foto: H. Harth; Fränkisches Bauern- und Handwerksmuseum, Iphofen-Mönchsondheim)

Jetzt bin ich aber weit von meinem Thema abgeirrt. Also können die Winzer dem Froste mit Feuer wehren. Wenn am zwölften Mai die Eisheiligen über die Berge gezogen kommen und in ihrem Gefolge die kalte Sophie, dann halten sie ihre Feuerstellen bereit, um den Frost zu brechen. Die Eisheiligen nennen wir den hl. Pankratius, den hl. Servatius und den hl. Bonifatius, da wir an ihren Festtagen sowie an dem Tag der hl. Sophia mit den Maifrösten rechnen müssen.

Nomen est omen: Der Räucherapparat „Qualm", ein Kämpfer wider den Frost ...

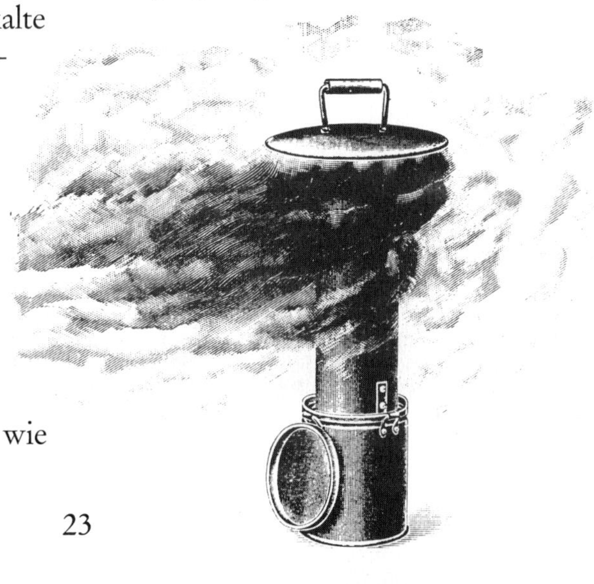

Es hilft auch schon, wenn man viel Qualm und Rauch erzeugt, der sich wie

Hier wird Gleiches mit Gleichem bekämpft: Die eisumhüllten Rebtriebe zeigen, wie man mit Hilfe der „Frostberegnung" die Knospen und Triebe mit einem Eiskleid vor dem Erfrieren schützt. (Foto: „Perrot-Regnerbau Calw GmbH", Althengstett/ Württemberg)

ein Schleier über die Erde legt. Er wirkt dann etwa so wie ein duftiges Kleid und verhindert, daß die Erde zuviel Wärme in die Luft ausstrahlt. Rauch und Qualm aus einem Feuer sind auch immer etwas wärmer als die umgebende Luft.
Da der Frost tief über den Boden fließt, muß man dafür sorgen, daß ihm keine Hindernisse im Wege stehen, so daß er gut ins Tal abfließen kann. Dort bleibt er freilich oft stehen, wenn das Tal nur eine geringe Neigung hat. So sind die Tallagen der Weinberge meist besonders gefährdet. Vor allem an der oberen Mosel, der Oberrheinebene, in Franken und am Kaiserstuhl sind die Frühlingsfröste gefährlich. Aber auch hier im Rheingau haben wir den Frost schon mit Feuer bekämpft.

Man kann die jungen Rebentriebe auch noch ganz anders gegen Frühlingsfröste schützen, indem man nämlich so tut, wie die Homöopathen tun, und Gleiches mit Gleichem bekämpft. Dabei darf man dem Frost nicht mit Feuer oder Steinen wehren, man muß vielmehr den Frost benutzen, um die Wirkung des Frostes zu brechen.
Das klingt zwar paradox, ist aber ganz einfach. Man braucht dazu lediglich viel Wasser.

In Südtirol, im engen Tal von Meran, wo die Weingärten in der Nähe des Flusses liegen, sprühen die Winzer, wenn noch späte Fröste im Frühling kommen, Wasser über die grünenden Reben. Das Wasser gefriert auf den Knospen und Trieben, und das Eiskleid schützt sie dann vor dem Erfrieren. Zugleich entsteht durch das Gefrieren ein wenig Wärme, die den Knospen wohltut.
Immer wieder müssen die Winzer den Reben ein neues Eiskleid verschaffen, da diese Kleider immer wieder in der Sonne des Tages dahin schmelzen. Diese Arbeit dauert, bis die Gefahr des Frostes im steigenden Jahr gebannt ist.
Der Kälte des Winters kann man begegnen, wenn man die Reben auf die Erde legt und zudeckt, mit Stroh zum Beispiel. Dazu braucht man aber viel Stroh und hat lange zu tun. Für einen großen Weinberg ist diese Methode nicht geeignet.

Auch der Maurer kann helfen, das Klima zu verbessern. In einem von einer Mauer umgebenen Weinberg, wie z. B. dem Eberbacher Steinberg hier im Rheingau, ist das Klima anders als am freien Berghang, wo der Wind ungehindert durch die Rebstöcke bläst. Die Mauer hält die Winde ab, und gleich dem Schiefer strahlt sie des nachts die am Tage gespeicherte Sonnenwärme auf die umschlossenen Reben. Ihr könnt das gut an den Reben beobachten, die nahe an einer Mauer stehen. Ihre Trauben sind früher reif als die der übrigen Rebstöcke.
Von einer Mauer umgeben ist auch der Weinberg am Liebfrauenstift zu Worms. In Frankreich nennt man einen solchen, von einer Mauer umgebenen Weinberg „Clos“.

Eine Farblithographie der Wormser Liebfrauenkirche (19. Jhdt.) mit dem angrenzenden Weinberg des Liebfrauenstifts.

Ganz von einer Mauer eingefriedete Weinberge sind selten; denn es ist reichlich mühsam, eine solche Mauer zu bauen, besonders am Bergeshang. So findet man manchmal auch Hecken als Mauerersatz.
Eine Hecke ist zwar ganz brauchbar als Windwehr, sie bringt aber Verdunstungskälte. Dafür wieder beherbergt sie Vögel und Käfer, die dem Winzer helfen, Schädlinge im Weinberg zu bekämpfen. Die Vögel z. B. vertilgen schädliche Raupen. Aber das ist ein anderes Kapitel.

Eine „Wetterschießstation" in den Weinbergen der Steiermark. Nach verheerenden Hagelschlägen gegen Ende des 19. Jhdts. wurde um die Jahrhundertwende an den Hängen des Bachergebirges eine regelrechte Wetterwehr aus 36 Schießstationen errichtet. Einen spürbaren Erfolg im Kampf gegen den Hagel konnten die Winzer allerdings nicht verbuchen.

Das Hagelschiessen

Kälte, Frost und Winde können den Reben schaden. Schrecklich können sich aber auch Gewitterflut und Hagelschlag im Weinberg auswirken. Eine ganz seltsame Methode wird angewendet, um diese Unbilden des Wetters zu bekämpfen, das „Hagelschießen". Manche Winzer glauben, das sei eine gute Methode, Unwetter und vor allem Hagelschäden abzuwehren. Ich war da immer etwas skeptisch; denn mich erinnert die Hagelschießerei mehr an ganz unwissenschaftliche, alte, heidnische Bräuche, die zur Abwehr unheilstiftender Dämonen eingesetzt wurden. So etwas machen wir heute noch, wenn wir am Jahreswechsel, zu Silvester, den Winter und seine Eisdämonen mit Lärm und Knallerei, Raketen und Böllerschüssen vertreiben wollen. Die Kaiserin Maria Theresia hat das Hagelschießen

ganz verboten mit der Begründung, das Gewölk, das sich sonst vielleicht wieder verzogen hätte, werde so mit noch größerer Gewalt den Nachbarn auf den Hals getrieben.

Trotz meiner Zweifel haben wir auch im Rheingau einmal versucht, ein heranziehendes Unwetter durch Kanonenschüsse zu vertreiben.
Oskar war begeistert von dieser Methode. Ihr erinnert euch doch an Oskar, den Freund Karls, der ihm als einziger bei der ersten Spätlese geholfen hat. Dieser Oskar hatte sich, ich weiß nicht wie, von den Franzosen überm Rhein eine richtige, dicke Kanone beschafft. Vielleicht hat er sie nachts über den Rhein bugsiert, vielleicht hatten die Franzosen sie bei einem Scharmützel hier im Rheingau vergessen, oder er hatte sie versteckt, und die Franzosen haben sie beim Abzug nicht mehr gefunden.

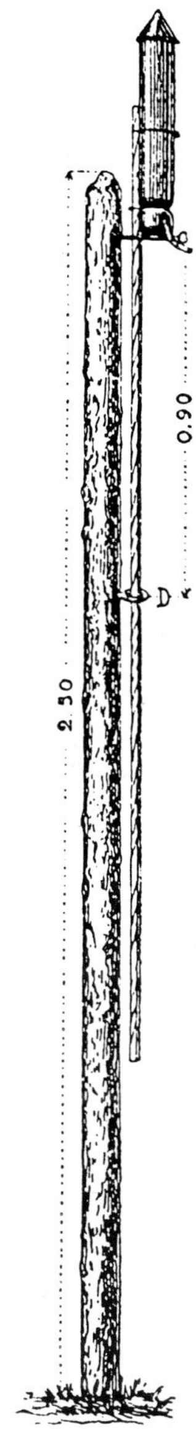

Eine Hagelrakete zum Kampf gegen die Hagelbildung. Aber auch von ihrer Wirkung waren die Winzer enttäuscht.

Als dann an einem heißen Sommertag plötzlich dunkle Wolken tiefhängend von Rüdesheim her den Rhein heraufgezogen kamen, begann er zu schießen, ohne Kugeln natürlich, aber mit viel Pulver immer gegen die Wolken. Die Wolken haben sich zwar nicht so sehr um ihn gekümmert, aber von allen Seiten stürmten Soldaten herbei, die damals den Rheingau gegen die Franzosen verteidigen sollten, die Salzburger, die Preußen und auch die aus Darmstadt. Die Preußen haben ihm seine Kanone abgenommen und zum Dank für ihre Mühe auch noch Wein verlangt. Die anderen haben nur für's Kommen Wein verlangt, und gehagelt hat es dann doch noch.
Oskar aber war mit seiner Leistung zufrieden. Er meinte, es hätte mehr gehagelt, wenn er nicht geschossen hätte. Beim nächsten Versuch brauche er mehr Kanonen. Geärgert hat ihn nur, daß der preußische Offizier für die Eroberung seiner Kanone auch noch einen Orden bekam.

Auch aufgeklärte Geister glauben an die wohltuende Wirkung des Lärms. Sie sagen, man könne doch sehr gut beobachten, daß schrecklichen Gewittern, Stürmen und

Hagelschlägen immer eine angsterregende und beklemmende Stille vorausgehe. Sie schließen daraus kühn, daß also diese Stille notwendig sei, damit das Gewitter entstehen könne, und meinen dann, man müsse nur diese Stille kräftig durch Lärm stören, um das Gewitter im Werden zu verhindern.
Oskar hat auch schon überlegt, ob man nicht, statt so kriegerisch mit Kanonen zu schießen, lieber ein großes Fest veranstalten solle, um mit dem Festeslärm die Gewitter zu vertreiben. Wenn das dann nichts nutze, habe man doch wenigstens einen Spaß gehabt.

Die Reberziehung

Die Darstellung der Reberziehung im Kammerbau, einer „Vinea Camerata", in Petrus de Crescentiis: De omnibus agriculturae libri XII, Basel 1548.

Wenn nun der Winzer das alles getan hat, wenn er das richtige Land für den Weinberg gewählt hat, wenn er die passende Rebsorte gefunden hat, wenn er den Boden bearbeitet hat, gelockert oder tief umgegraben, wie es die Weinbergslage erfordert, wenn er entschieden hat, welche Gräser und Kräuter er nutzen will, und wenn er die Abwehr des Frostes und der Winde geplant hat, dann muß er, ehe er mit dem Pflanzen beginnt, auch noch überlegen, welche Erziehung er seinen Reben geben will.
Wenn man die Rebe ohne irgendeine Erziehung einfach wild wachsen läßt, dann ist es wie bei allem Wildwuchs, er ist zwar manchmal interessant anzusehen, trägt aber nur wenig Früchte und meist auch nur Früchte geringer Qualität. Wachsen die Triebe der Rebe frei nach allen Seiten hin, so liegen die Trauben oft auf der Erde; denn die einjährigen Ruten sind es, die die Trauben tragen, und diese sind so biegsam und nachgiebig, daß sie unter der Last der Trauben nicht brechen, sondern sich auf den Boden legen, wenn sie ohne Unterstützung bleiben. Die Trauben werden schmutzig und häufig krank und liegen dem Winzer im Weg, wenn er den Boden des Weinbergs bearbeiten will.

Früh schon sind die Winzer daher auf den Gedanken gekommen, die Reben nach oben zu binden. Das haben sie den wilden Reben abgeschaut. Weinreben sind Schlingpflanzen, eigentlich eine Art Lianen, sie wachsen an Bäumen und Felsen zum Licht hinauf. So haben die Winzer sie im alten Ägypten schon einfach an Bäume gebunden, die sie in den Rebengärten hatten stehen lassen. Sie haben auf die Astgabeln der Bäume von einem zum andern Baum einfach dünne Stämmchen oder Zweige gelegt und so einen Holzrahmen in einiger Höhe über dem Boden hergestellt und dann die Reben zu diesem Rahmen hinaufgezogen. Nach einigen Jahren bildeten die Reben dort ein Dach, von dem die Trauben herunterhingen. Pergolaerziehung nennt man das. Diese Art der Reberziehung hat aber besonders hier bei uns auf trockenen und steinigen Böden einen großen Nachteil: die Tragebäume wollen ja auch leben, und so nehmen sie den Reben das Wasser und die karge Nahrung weg.
Diesen Nachteil kann man vermeiden, wenn man statt der Bäume Holzpfähle, Stöcke oder Stickel nimmt und jeder Rebe einen Stock gibt, an dem sie sich emporwinden kann.

Schon Homer kannte die Reberziehung an Pfählen. In der Ilias läßt er den Feuergott Hephaistos einen Schild für Achilleus schmieden, auf dem er zur Verzierung viele Dinge aus dem täglichen Leben anbringt, auch einen Weinberg.

Als ich mit Karl in Frankreich war, habe ich dort eine ganz ungewöhnliche Art von Pfählen gesehen. René I., der Gute (1409–1480), hat auf den Wällen seiner Burg in Angers einen Weingarten angelegt. Dort hat er statt der Pfähle aus Holz jedem Weinstock eine schmale, lange Schieferplatte als Stütze gegeben, die in der Nacht als Wärmequelle dienen kann, da sie dann die am Tag gespeicherte Wärme abgibt. Später habe ich auch in anderen Weinbergen an der Loire solche Pfähle aus Schiefer gesehen.

Die Darstellung eines Festmahles des assyrischen Königs Assurbanipal mit seiner Frau zeigt uns sehr schön die Reberziehung an Bäumen: Im Hintergrund sieht man Reben, die an einem Baum emporwachsen. (um 660 v. Chr.)

Pfahlerziehung der Reben am Kaiserstuhl

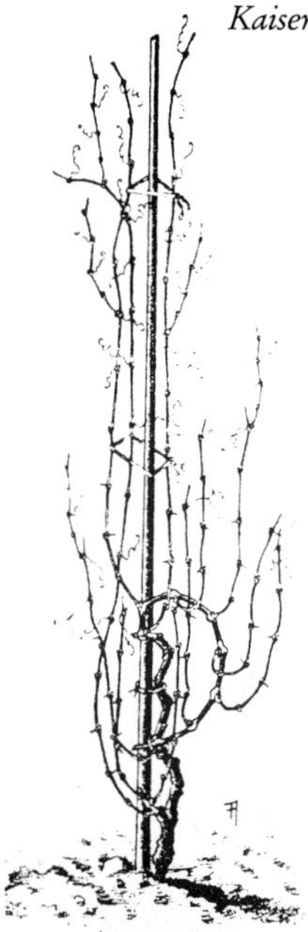

Aber auch die Pfahlerziehung hat Nachteile, da man sehr viele Pfähle oder Stöcke braucht in einem großen Weinberg, und das wird ganz schön teuer …

Karl und Oskar haben da auf Abhilfe gesonnen und eine neue Erziehung der Reben versucht. Sie schlagen feste Stöcke in einiger Entfernung voneinander in die Erde und verbinden sie mit Drähten, an denen sie die Reben dann mit dünnen Weidenruten oder Stroh befestigen. Die Drähte zwischen den Stöcken ergeben einen Rahmen, in dem man die Rebenruten

schön übersichtlich ordnen kann. So braucht man nicht für jede Rebe einen Pfahl.
Der Winzer muß also durch die Erziehung der Rebe dafür sorgen, daß sie sich aufrichten kann.

Einem weisen Prior des Klosters Corvey wurde unter den dreizehn Linden die Rebenerziehung zum Sinnbild der Erziehung überhaupt, und er sagte in seinen Lehrsprüchen:

> Freiheit sei der Zweck des Zwanges.
> So wie man die Rebe bindet,
> Daß sie, statt im Staub zu kriechen,
> Froh sich in die Lüfte windet.

*Vier Arten der Reberziehung können wir auf dieser Darstellung zu Vergils „Georgica II“ (Straßburg 1502) sehen:
Am Baum rankend, am Pfahl, als Laubengang und als Vinea Camerata (Reberziehung im Kammerbau).*

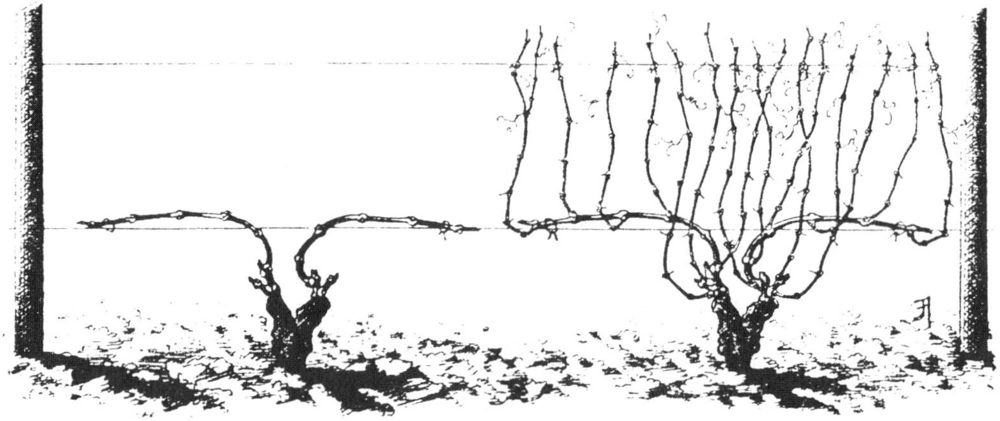

Die Zeichnung zeigt die Reberziehung im Drahtrahmen in Rheinhessen

Hat der Winzer für die passende Reberziehung gesorgt, muß er noch entscheiden, in welcher Entfernung voneinander er die Rebstöcke pflanzen will. Wenn er sie zu nahe aneinander pflanzt, nehmen sie sich gegenseitig Licht und Nahrung. So wird er Reben einer stark wachsenden Sorte auf reichen Böden weiter auseinander pflanzen, damit sie sich nicht ins Gehege kommen. Reben einer schwach wachsenden Sorte auf armen Böden dagegen wird er näher zusammenrücken lassen.

Die Düngung

Eines hätte ich nun beinahe vergessen: auch die Rebe hat Hunger und Durst wie alle anderen Lebewesen. Die Wurzeln bringen ihr zwar Wasser und Nahrung aus dem Boden, beides ist dort aber nicht unbeschränkt vorhanden.

Hier in unseren Breiten fällt zwar in den meisten Jahren genug Regen, und der Schnee im Winter bringt zusätzliche Feuchtigkeit in den Boden, um den Durst der Reben zu stillen. Der Winzer muß hier also nur selten mit Wasserfässern in die steilen Berge fahren.

Mit der Nahrung ist es leider anders. Die fällt nicht vom Himmel, noch nicht. Die muß in den Weinberg gefahren und dort den einzelnen Stöcken zugeteilt werden, jedem nach seiner Art.

Eine hölzerne „Mistkeeze" von der Mosel. In solchen Rückentragegeräten schleppten die Winzer den Mist zur Düngung in ihre Weinberge. (Foto: H. Harth; Weingut Reichsgraf v. Kesselstadt, Trier)

Sehr viel Ärger hatten wir letzthin mit dem „Besserungsausfahren", so nennt man das Ausfahren des Stallmistes, der den Reben die Nahrung bringt. Eine Ochsenfuhre kostete 3 und eine Pferdefuhre 4 fl (rheinische Gulden), dabei fuhren die Fuhrleute spät weg, hörten bald auf zu fahren und luden außerdem noch wenig auf.

Im vergangenen Frühjahr hatte Oskar behauptet, er könne durch eine ganz fortschrittliche Erfindung das Problem des mühsamen Mistausfahrens lösen. Bei Oskar weiß ich ja nie so recht, was ich von seinen Erfindungen halten soll …

Glücklicherweise wurde ein englischer Kupferstecher, der sich der Stilrichtung des Manure-ismus verschrieben hatte, auf seiner Rheinreise Zeuge von Oskars letztem Luftmistungstestflug. Er hat uns diesen Stich großzügig überlassen.

Nun komme ich zum Rebschnitt.

Über den Rebschnitt aber weiß Karl viel besser Bescheid als ich, und so schlage ich vor, daß wir nun bald in die Weinberge hinauswandern. Heute trifft es sich gut, da Karl und Oskar dort mit ihrer neuen Reberziehung beschäftigt sind. Sie bauen einen Drahtrahmen. Da könnt ihr selbst sehen, wie sinnreich diese Erfindung ist.
Doch vorher wollen wir unsere Gläser leeren, und dabei will ich euch noch erzählen, wie die Reben um die Osterzeit zu bluten beginnen.

Rebenblut

Viele nennen den Wein das Blut der Reben. Das ist zwar sehr poetisch, aber wie so oft bei der Poesie nicht ganz richtig; denn der Wein ist ja vielleicht das vergorene, gereinigte, abgefüllte und gelagerte Blut der Trauben, nicht aber das Blut der Reben.

Das Blut der Reben kommt unmittelbar aus der Rebe selbst. Klar wie Wasser ist das Blut der Reben. Dort, wo der Winzer mit Messer, Schere und Säge im Winter oder ganz früh im Jahr die Rebenzweige beschnitten hat, quillt es im Frühjahr hervor, hängt wie Tau an den Schnittstellen und funkelt in den ersten wärmenden Strahlen der Sonne. Die Weinberge zeigen sich zu dieser Zeit oft noch leblos und kahl. Ihr Grau und Braun wird nur zaghaft unterbrochen vom schwachen Grün der Zeilen, in denen Kräuter und Gräser wachsen.

Im Frühjahr „bluten“ die Reben, pro Tag kann ein Rebstock dabei bis zu 1,5 Liter „Blut“ verlieren.

Für die Reben hat aber das neue Weinjahr schon begonnen. Die im Sonnenlicht langsam ansteigenden Temperaturen regen ihre Wurzeln zur Arbeit an. Im Holze steigen die Säfte auf und beleben die dort in Form von Zuckern, Aminosäuren und Mineralstoffen gelagerten Reserven, um die Knospen zum Austreiben zu bringen.

Aus den Wunden des Winterschnitts treten diese Säfte dann aus und zeigen uns, daß die Reben ihren Winterschlaf beendet haben und der Austrieb bald bevorsteht.

Wenn ihr zur Osterzeit einen Spaziergang durch die Weinberge macht, könnt ihr mit dem Finger einen Tropfen zur Probe nehmen und die zarte Süße auf eurer Zunge spüren.

Die Wärme des Bodens im Wurzelbereich der Rebe bestimmt, wann die Rebe zu bluten beginnt und wie stark sie blutet.

Wenn die Temperatur in etwa 20 cm Bodentiefe auf 4 – 6° Celsius angestiegen ist, beginnen die Säfte aufzusteigen, und die Rebe blutet. Bei 10 – 12° Bodentemperatur wird die Phase des stärksten Blutens erreicht. Je nach Rebsorte und Weinbergslage unterscheiden sich bei den Reben der Beginn des Blutens, die Stärke der Blutung und die Zusammensetzung des Blutes.

So wie der Weinkenner am Geschmack eines Weines Rebsorte und Weinbergslage zu erkennen vermag, so könnte gewißlich ein Rebendrakula aus ihrem Blute Sorte und Standort einer Rebe bestimmen. Ich bin zwar kein Rebendrakula, habe selbst aber auch schon einmal die Unterschiede des Rebenblutes geprüft. Als ich jüngst in Merdingen am Kaiserstuhl war und das Blut des Spätburgunders in großen Tropfen an den Rebwunden hängen sah, konnte ich nicht widerstehen. Ich nahm die Tropfen vorsichtig auf meinen Finger und schleckte sie dann ab. Es schmeckte anders als unser Riesling. Rieslingblut, meine ich, schmeckt zarter und eleganter, das Blut des Spätburgunders voller und kräftiger.

Besonders stark bluten die Reben in einem heißen Klima. Dort kann ein Rebstock pro Tag bis zu 1,5 l „Blut“ verlieren. In unseren milderen „Gebreiten“, wie ihr zu sagen pflegt, lieber Legationsrat, sind es pro Tag etwa 50 – 500 ml. Während des Frühjahrs tropfen hier aus einem Rebstock insgesamt zwischen 5 – 10 l des milden, belebenden Saftes.

Wenn der Höhepunkt der Blutung erreicht ist, kommen die Knospen hervor und die Reben werden grün. Die jungen Triebe und Blätter nehmen den Saft nun auf, und das Bluten aus den Schnittstellen des Winters findet ein Ende. Auf den Schnittstellen bildet sich ein korkähnlicher Schorf und verschließt die Wunden. Das aufgenommene Wasser steht nun ganz den jungen Rebtrieben zur Verfügung.
Viele Winzer fangen den Saft der Reben in kleinen Gläschen auf. Er soll als Augenheilmittel gute Dienste tun, beispielsweise bei Entzündungen der Bindehaut.
Denkt daran, um die Osterzeit könnt ihr das junge Leben in den Weinbergen nicht nur sehen, sondern auch schmecken.

ETWAS SPÄTER IN DEN WEINBERGEN...
DIE ZEILE NOCH, OSKAR, DANN STEHT DER ERSTE 'DRAHTRAHMEN' !
...UND DIE MACH ICH. ICH WEISS, WIE'S NOCH EINFACHER GEHT !
VORSICHT !
!
LASS LOS, KARL, GIB' MIR MEHR DRAHT !
NEIN, OSKAR ! ...TU'S NICHT !
?!
AÏEEE... ...MON DIEU !
DA HABEN WIR'S !
..?
!
?!
?!
...LAO-KOKON...

Auf dem Weg dorthin erläutere ich Euch den Rebschnitt.
Wenn man den Weinstock wachsen läßt, wie es ihm beliebt, dann treibt er in die kreuz und quer, und seine Zweige und Blätter vermögen nach ein paar Jahren, eine ganze Hauswand zu verdecken und wachsen schließlich auch noch um die Ecke, das ganze Haus zu verhüllen. Im Weinberg aber steht er, wie ihr leicht sehen könnt, nach dem Schnitt im

Winter und im Frühjahr kahl und krumm, wie ein in die Jahre gekommener Spazierstock, dem zwei lange dünne Arme gewachsen sind.

Der Rebschnitt

An der Hauswand hat er, wenn er nicht geschnitten worden ist, nur wenige und kümmerliche Früchte, die nicht richtig reifen; denn er setzt soviel Ehrgeiz darein, alles zu überwuchern, daß ihm keine Kraft mehr für die Trauben bleibt. Im Weinberg aber zwingt ihn der Winzer durch den Schnitt, seine Kraft so auf Trauben und Blätter zu verteilen, daß seine Trauben reif, saftig und süß werden und einen guten Wein ergeben.

Diese Zeichnung aus dem Hausbuch der Mendelschen Zwölfbrüderstiftung zeigt einen „Weingartman" (1425) beim Rebschnitt.

Jetzt werdet ihr fragen, wie der Winzer das macht. Zuerst muß er entscheiden, wann er die Reben schneiden soll. Schneidet er sie am Ende des Jahres, im Advent, bevor noch der Winter mit seinen Frösten so richtig hereingebrochen ist, dann hat er zwar den Vorteil, daß er mehr Zeit gewinnt für die zeitraubende Arbeit des Rebschnitts. Auch werden seine Reben im folgenden Frühjahr nicht so stark bluten. Aber wenn der Stock im Winter durch Frost geschädigt wird, kann er diese Schäden im Frühjahr nicht mehr durch einen entsprechenden Schnitt ausbessern. So kann es vorteilhaft sein, erst im Frühjahr zu schneiden.

Wie aber schneidet er?
Der Winzer schneidet fast alle Zweige ab, die in dem vergangen Jahr gewachsen sind. In den meisten Fällen läßt er nur zwei dieser Zweige stehen. Dann kürzt er diese Zweige auf die richtige Länge. Dabei muß er jeden Rebstock nach seiner besonderen Eigenart behandeln. Je weniger er die Zweige kürzt, desto mehr Blätter und Trauben muß der Stock im kommenden Jahr tragen und ernähren. Da muß der Winzer gut hinsehen, wie kräftig der Stock ist, den er gerade beschneidet; denn das ist wie bei einem Lastträger. Einem schwachen Mann kann er keine große Last zu tragen geben. Er muß auch darauf achten, daß er ein ausgewogenes Verhältnis zwischen Blättern und Trauben erzeugt. Der Rebstock braucht die Blätter, um genügend Süße für seine Trauben erzeugen zu können. Die Blätter sind wie kleine Laboratorien, die aus den Strahlen der Sonne die Süße herstellen, die sich im Wein zu Kraft und Wohlgeschmack wandelt. Wenn es aber zu viele Blätter sind, dann nehmen sie sich gegenseitig die Sonne weg und verbrauchen Kraft des Weinstockes, ohne ihre Aufgabe zu erfüllen. Auf das richtige Verhältnis kommt es an. Das bestimmt der Winzer nach Standort, Art und Zustand der Reben.

Auf dieser bemalten Fayencekachel aus dem Kloster Salem (1733) sehen wir zwei Mönche des Kloster beim Schneiden der Reben.

Ein Rebmesser.
(Foto: H. Barth; Weinmuseum Wiesloch-Rauenberg)

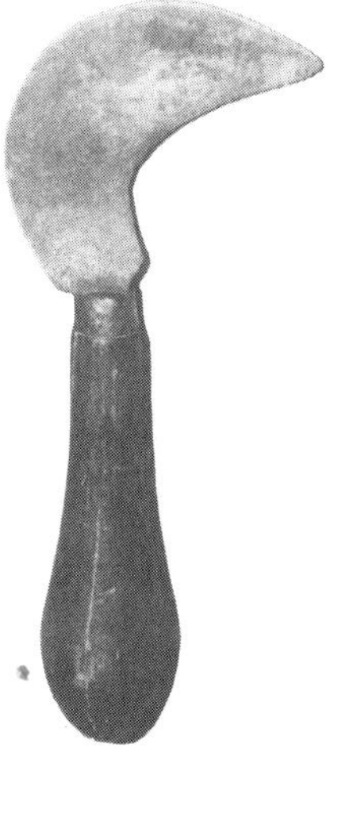

Mit dem Rebschnitt bestimmt der Winzer ebenfalls die Qualität seines Weines. Wer die Reben so schneidet, daß die Trauben am besten gedeihen können, wird durch gesunde Rebstöcke und einen guten Wein belohnt. Wer sich also einschränkt und auf Fülle verzichtet, bekommt dafür Qualität. Der Habgierige erntet einen dünnen Wein.
Der Rebschnitt ist schwierig, langwierig und macht vor allem kalte Finger. In Gegenden, in denen die Weinberge weniger steil sind als bei uns, wo man besser von Weingärten sprechen

kann, dort nehmen die Winzer zum Schneiden eiserne Schiebekarren mit in den Weinberg. Auf diesen Karren entzünden sie ein kleines Feuer, das sie mit den abgeschnittenen Reben nähren. Daran können sie sich die Hände wärmen. Sie müssen nur fleißig schneiden, damit ihnen das Feuer nicht erlischt.

Nach dem Schnitt werden die Zweige an die bei den Reben stehenden Stöcke oder an die zwischen stärkere Stöcke gespannten Drähte gebunden. Jetzt haben sie einen festen Halt. Der Winzer muß nun darauf achten, wie sich die einzelnen Rebstöcke entwickeln und die zu weit herausragenden Triebe abschneiden, denn die hoch aufschießenden Ranken beugen sich, hängen über und nehmen den Blättern, die mit der Herstellung der Süße beschäftigt sind, Luft und Sonnenlicht weg.

Manchmal wachsen aber auch trotz eines vorausschauenden Rebschnitts zu viele Trauben. Die müssen dann ebenfalls abgeschnitten werden.

Die Reberziehung im Kammerbau sorgt dafür, daß die Trauben für den armen Fuchs in unerreichbarer Höhe hängen ... Aus einer Äsop-Übersetzung, Ulm 1476.

So muß der Winzer auch noch nach dem Winterschnitt mit dem Rebmesser in den Weinberg. Kultur hat halt viel mit Schneiden zu tun. Wo man einfach alles wachsen läßt, wie es mag, sitzt man bald mit sauren Trauben im Dschungel.

Die Schädlinge und Krankheiten

Aber ich will ja nicht von sauren Trauben reden, waren die Trauben doch schon immer ein Symbol der Süße und des guten Geschmacks. Denkt nur an die Fabel von dem

Fuchs und den Trauben. Wie gern hätte der schlaue Räuber von den süßen Früchten genascht und nur, weil sie für ihn zu hoch hängen, nennt er sie sauer. Wo ein Aas ist, sammeln sich die Adler, steht in der Bibel. Wo etwas Süßes ist, sammeln sich die Leckermäuler. So ist es nicht verwunderlich, daß der Winzer viele Konkurrenten hat, die auch von seinen Trauben naschen wollen.

Die Reihe der Schadensstifter fängt an bei Motten, Würmern und Milben und geht über Larven und Käfer bis hin zu Vögeln und Füchsen, Rehwild und Waschbären und schließlich noch bis zu den Menschen selbst. Auch manche Menschen fallen über Rebstöcke und Trauben her und wollen ernten, wo sie nicht gesät haben. Im Jahr 1795 z. B. gab es nur wenig Wein.

Im Kampf gegen die Schädlinge haben die Winzer ihre Reben im Frühjahr mit heißem Wasser bespritzt. Dieses Verfahren wurde erstmals 1828 in Südfrankreich angewandt.

Und warum? – Nicht nur die schlechte Blüte war schuld. Hauptsächlich war es das fremde Kriegsvolk im Rheingau, das uns die Trauben wegfraß. Die Hessen-Darmstädter waren in großer Zahl im Rheingau einquartiert. Wo nur ein Träubchen weich wurde, machten sie sich darüber her. Alle Feldwege lagen voll unreifer Trauben, die sie abgerissen hatten, aber nicht genießen konnten. Dann kamen die Franzosen, die im oberen Rheingau wenig übrig ließen, und schließlich kamen die Kaiserlichen, die konnten aber nicht mehr viel schaden; denn es war nichts mehr da zum Stehlen.
Später hatte ein General dann ein Einsehen, er richtete zur Zeit der Traubenernte Patrouillen ein, die aus je zwei Soldaten und zwei Bürgern bestanden. Da ging es dann gnädiger zu.

Für Milben, Füchse, Käfer und Vögel kann man leider keine Patrouillen einrichten. Da muß der Winzer sich etwas anderes einfallen lassen. Füchse kann man aussperren. Eine Mauer oder ein Zaun genügt. Für Milben und Käfer kann man Feinde finden, die den Reben nicht schaden.
Nehmen wir als Beispiel die gefährliche „Rote Spinne", eine Milbenart, die vor allem im Mittelmeerraum den Winzern zu schaffen macht. Ich befürchte, daß die „Rote Spinne" in Zukunft auch in unseren Breiten verstärkt auftreten wird. (Hier hat Karl leider recht behalten; in der ersten Hälfte unseres Jahrhunderts noch als gelegentlicher Schädling eingestuft, ist die „Rote Spinne" heute ein allgemeiner Schädling geworden. Anm. der Herausgeber.)
In den Hecken hausen Raubmilben, die sich über die „Rote Spinne" hermachen und sie verzehren.

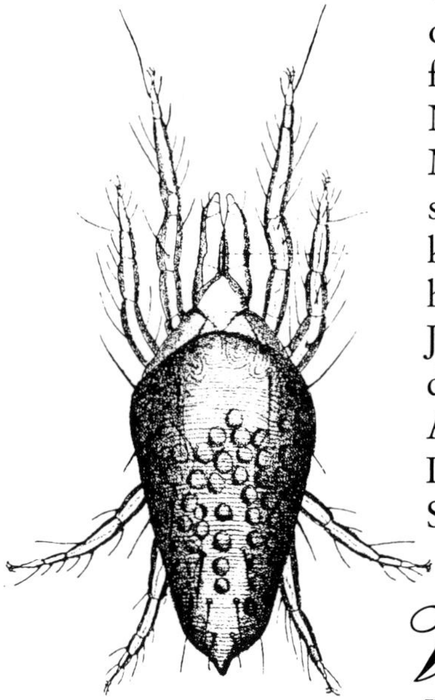

Die „Rote Spinne", hier eine Zeichnung des Männchens.

Vögel sind eine etwas zweifelhafte Hilfe. Sie helfen dem Winzer zwar, Würmer und Motten zu bekämpfen, wollen aber zur Zeit der Traubenreife einen Teil der Ernte für sich als gerechten Lohn für ihre Arbeit. Der Winzer hingegen meint, die Arbeit sei schon durch sich selbst belohnt, da sich die Vögel von den Schädlingen ernähren. So versucht er, die Vögel durch Lärm zu vertreiben oder durch Netze auszusperren. Der „Wingertschütz" geht durch die Weinberge mit einer dicken Pistole, die er aber nur mit Pulver lädt und einem Pfropfen, der nicht weit fliegt. Meistens bewirkt er mit seiner Knallerei jedoch nur, daß die Vögel einen Weinberg weiter fliegen und sich dort zur nächsten Mahlzeit niederlassen. Manchmal scheucht er auch ein Liebespaar auf, das sich in den schattigen Rebengängen wohlgeborgen glaubte und nun aufgeregt davonflattert.

Vielleicht denkt ihr jetzt, was sollen die wenigen Vögel schon an Schaden anrichten. Wenn ihr aber einmal im Herbst einen Schwarm Stare gesehen habt, der sich wie eine drohende Wolke über den Weinbergen gesammelt hat und dann herabregnet und über die Trauben herfällt, dann werdet ihr Mitleid mit dem armen Winzer haben, der sich das ganze Jahr über geplagt hat, nur um zur Zeit der Ernte den Segen der Erde am Himmel verschwinden zu sehen.

Wie alle Lebewesen werden die Reben auch von verschiedenen Krankheiten geplagt, und der Winzer muß sich mit verschiedenartigen Mitteln und therapeutischen Maßnahmen als Arzt bewähren.

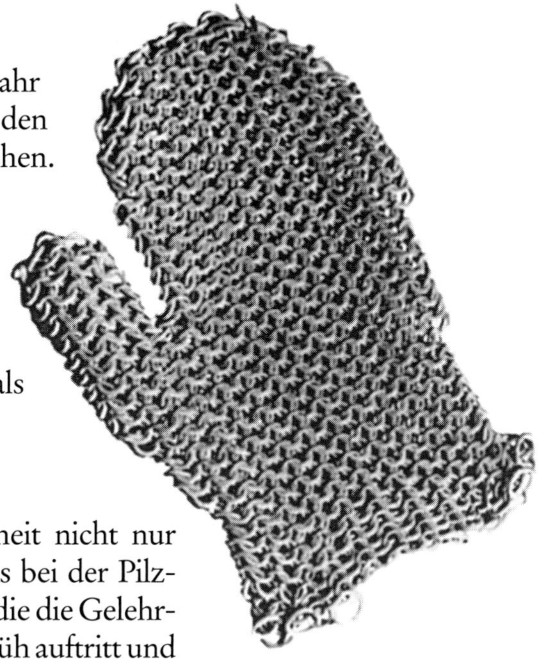

Schädlingsbekämpfung in „Handarbeit": Mit einem solchen Kettenhandschuh wurden die Schädlinge von den Reben abgerieben.

Ganz schwierig wird es, wenn eine Krankheit nicht nur Nachteile, sondern auch Vorteile hat. So ist es bei der Pilzkrankheit, die wir den Grauschimmel nennen, die die Gelehrten Botrytis cinerea genannt haben. Wenn sie früh auftritt und unreife Trauben befällt, solange sie noch wenig Zucker haben, dann nimmt ihnen der Pilz das bißchen Zucker weg, und in den Trauben konzentriert sich die Säure.

Wenn sie aber spät kommt, wenn die Trauben in einem sonnigen Herbst zur vollen Reife gelangt sind und genug Süße gesammelt haben, dann macht sie die Beerenhaut durchlässig, das Wasser in den Beeren verdunstet, und es konzentriert sich die Süße. Die Fäule der Trauben, die so entsteht, nennt man Edelfäule. Die Weine, die aus den besonders ausgelesenen Trauben mit Edelfäule gekeltert werden, sind stark und süß und haben ein köstliches Aroma. Grandpatte meint, sie paßten gut zu einer süßen Nachspeise.

Eine vom Grauschimmel, dem Botrytis-Pilz, befallene Rieslingtraube.
Der Botrytis-Pilz verursacht die ‚Edelfäule' der Trauben.

SEHT, HERR GEHEIMRAT, DAS ZISTERZIENSERKLOSTER EBERBACH, DORT WARTET EINE WEINÜBERRASCHUNG AUF UNS!
ICH LAUFE IN DIE WEINBERGE, KARL, WIE VERSPROCHEN, DAS WIRD SPANNEND!
?
ET MOI? GE' ISCH MIT KARL, 'ÖRE DIE LANGWEILISCH VORTRAG, MIT DIE CHANCE AUF DIE GUT MENUE...
...ODER 'AB ISCH SPASS MIT OSKAR... ...SANS MENUE..?
...ABER ZUERST LAUF' ICH IN DIE KLOSTERKÜCHE UND HOLE MIR REICHLICH PROVIANT FÜR DIE NACHT.
VOILÀ!
IM KLOSTERBEREICH ANGELANGT, MACHT KARL EINE KOSTENLOSE FÜHRUNG...
WO VERBIRGT SICH DEINE ÜBERRASCHUNG? HINTER DIESER TÜRE?
NEIN, IHR MÜSST EUCH NOCH ETWAS GEDULDEN, ZUNÄCHST WILL ICH MEINEN VORTRAG WEITERFÜHREN...
PORTA NIGRA

Jetzt komme ich zu einem besonders schwierigen Kapitel, dem rechten Zeitpunkt für die Traubenlese. Früher haben wir uns da nicht so viele Gedanken gemacht.

Der Zeitpunkt der Lese

Als ich noch auf dem Klostergut Johannisberg arbeitete, mußten wir immer bei dem Bischof in Fulda anfragen, ob er uns die Lese erlaube. Wenn wir dachten, die Trauben seien nun reif genug oder der rechte Tag sei gekommen, da bald schlechtes Wetter zu erwarten stünde, schickten wir einen reitenden Boten nach Fulda, der dem Bischof ein Körbchen voll Trauben brachte. Der Bischof gab ihm dann seinen Segen und erlaubte uns die Lese. Sobald der Bote zurück war, konnten wir mit der Lese beginnen. Im Jahre 1775 hatte ich selbst das Glück, der Traubenbote sein zu dürfen. Es ging auch alles gut, bis auf den Heimritt. Ich wurde im Wald überfallen und festgesetzt. Es dauerte mehrere Tage, bis ich mich befreien konnte, und dann mußte ich nach Hause laufen. So kam ich reichlich verspätet in Johannisberg an. Die anderen Winzer hatten schon ihre Trauben gelesen. Alle Vogelscharen hatten sich auf Johannisberg konzentriert. Ich wurde fieberhaft erwartet. Viele Trauben waren verloren, viele waren gefault, trotzdem brachten wir

Der Blick auf Schloß Johannisberg im Rheingau, dem „Geburtsort" der Spätlese.

die Ernte ein. – Es wurde ein wundervoller Wein. Die wenigen übriggebliebenen Trauben hatten eine besondere Reife erreicht, und gerade die angefaulten waren überaus süß. So entdeckten wir das Geheimnis der späten Lese und die edle Fäule. Es war ein Glück, daß meine Verspätung in einen sonnigen und trockenen Herbst fiel. In einem nassen Herbst wären die Trauben verdorben, und wir hätten den Vorteil der späten Lese nicht entdeckt.

Das „Fränkische Traubenwunder": Im Jahre 1577 brachte bei Frickhausen am Main ein einziges Auge eines Rebstockes 18 Trauben hervor.

So aber wissen wir nun, daß die Güte des Weines auch ganz wesentlich vom Zeitpunkt der Lese abhängt. Wird die Lese in einem sonnigen Herbst verzögert, dann nimmt zwar die Menge der Trauben ab, aber der Wein erlangt einen herrlichen Geschmack. Der Winzer muß freilich bedenken, daß das Wetter umschlagen kann, und überlegen, wenn es anfängt zu regnen, ob das nun das Zeichen für einen wochenlangen Landregen ist oder nur eine wohltuende, kurze Feuchtigkeit, die das Blattgrün erhält und die Trauben ein wenig quellen läßt. Es ist ganz wichtig, daß die Blätter grün bleiben; denn wenn sie gelb werden, stellen sie ihre Zuckerproduktion ein und können den Trauben nichts mehr nützen.

Schlimm ist es, wenn die Lese verzögert wird und dann plötzlich Schnee fällt. Im Jahre 1786 haben die Winzer im Frankenland erst nach Allerheiligen die Traubenlese begonnen. Am 5. November schon fing es an, heftig zu schneien. Bald lag der Schnee dort einen halben Meter hoch, und noch nicht die Hälfte der Weinberge war abgeerntet. Am 9. November schon schneite es wieder und diesmal so viel, daß nicht weitergelesen werden konnte. Das war ein großer Verlust. Die Arbeit eines ganzen Jahres war umsonst. Ihr könnt euch leicht ausmalen, wie die ängstlichen Gemüter unter den Winzern auf solche Nachrichten reagieren. Sie setzen alles daran, den Wein sicher nach Hause zu bringen. Auch die Gierigen sind für eine frühe Weinlese, da sie ja wissen, daß zwar die Qualität mit der späten Lese zunimmt, die Menge sich aber vermindert. So braucht der gute Winzer Mut zum Risiko, und er muß beredsam sein, um die ängstlichen Gemüter und die Liebhaber großer Mengen vom Vorteil der Qualität überzeugen zu können; denn es ist schon wegen der traubenfressenden Schädlinge zweckmäßig, wenn alle Winzer in einem Weinanbaugebiet gemeinsam lesen. Die Vogelschwärme z. B. könnten sich alle über den Letzten hermachen, der dann leer ausginge.

„Von warer erkantnus des wetters", das Titelbild des Wetterbüchleins des Leonhard Reynmann, um 1520.

In jedem Herbst wird über den rechten Zeitpunkt der Lese gestritten. Sehr hilfreich wäre es da, wenn wir einen zuverlässigen Wetterpropheten hätten, der uns sagen könnte, wann Regen oder gar Schnee kommt. Da könnten wir unsere Entscheidung viel besser treffen und sie zuverlässiger begründen.

Die Wetterregeln

Nicht nur, um den Zeitpunkt der Lese bestimmen zu können, brauchten wir einen Wetterpropheten, auch für viele andere Arbeiten im Weinberg wäre er vorteilhaft. Da wir aber keinen haben, müssen wir uns mit unseren Erfahrungen und den überlieferten Erfahrungen unserer Väter und Vorväter behelfen. Weil das Wetter für uns lebenswichtig ist, haben wir alle Besonderheiten des Wetters schon immer sorgfältig beobachtet und dabei auch festgestellt, daß bestimmte Wettererscheinungen in ihrem Ablauf gleich bleiben. Für manche dieser Erscheinungen haben wir auch Erklärungen gefunden, manche blieben uns unerklärlich. So wissen wir z. B., daß ein Gewitter, das von Mainz in den Rheingau herüberzieht, dort drüben oft recht harmlos bleibt, hier bei uns aber viel Schaden anrichten kann. Diese Regel gilt deshalb, weil das Gewitter aus dem Süden in den Taunusbergen, die den Rheingau nach Norden abschirmen, hängen bleibt und sich über dem Rheingau so richtig austobt. Wir wissen auch, daß es im Mai oft schlimme Fröste gibt, die meist dann kommen, wenn im Kalender die Heiligen Pankratius, Servatius und Bonifatius stehen, die wir deshalb die Eisheiligen nennen. Warum das so ist, wissen wir aber nicht.

Schutzpatron der Winzer ist der Heilige Urban. Vor allem in Weingegenden ist sein Portrait in vielen Kirchen und Kapellen, aber auch in vielen Winzerstuben zu sehen. Diese Statue des Hl. Urban aus dem süddeutschen Raum entstand um 1700.

Wir wissen jedoch, daß diese zweite Regel in vielen deutschen Weingegenden zutrifft, daß man die erste Regel, die Gewitterregel, aber nicht einfach auf andere Gegenden übertragen kann. So ist der Winzer wohl dann ein guter Wetterprophet, wenn er die Wetterregeln kennt und zu unterscheiden weiß, welche auf seinen engeren Bereich zutreffen und welche nicht.

In den alten Regeln steckt viel Erfahrung. Oft kommen in diesen Regeln die Feste der Heiligen vor, da sich die Winzer die Namen der Heiligen besser merken konnten als die dürren Zahlen der Monatstage.
In einer Regel, die sich mit der Bedeutung des Zeitpunktes der Blüte befaßt, heißt es z. B.:

Johannisblut tut immer gut.
Petriblut tut auch noch gut.
Margaretenblut tut nimmer gut.

Das heißt, wenn die Reben erst am Fest der Heiligen Margarete, also am 13. Juli, blühen, dann geraten die Trauben mit ihrer Reife so tief in den Herbst, daß man nicht mehr mit einem guten Wein rechnen kann.

Als ich eure Beschreibung des Rochusfestes las, lieber Herr Geheimrat, konnte ich sehen, daß ihr euch auch für die Wetterregeln interessiert. Bei den Gesprächen dort auf dem Festplatz habt ihr feststellen können, wie angelegentlich sich die Winzer um ihre Wetterregeln kümmerten, als sie beisammen saßen und überlegten, welche Regeln im vergangenen Jahr eingetroffen seien. Ihr habt eine ganze Reihe davon notiert.
Zum Beispiel die Regel „Viel Sonnenschein im August bringt guten Wein". Das ist eine einfache Regel, die uns aber auch nicht viel verrät.
Andere Regeln sind da interessanter, weil sie nicht so offensichtlich sind und dem Winzer bei seinen Entscheidungen helfen können. Ich denke da an die Regel, die ihr auch notiert habt „Wenn die Grasmücke singt, ehe der Weinstock sproßt, so verkündet es ein gutes Jahr" oder „Kühler Mai gibt guten Wein und vieles Heu" oder „Reife Erdbeeren um Pfingsten bedeuten einen guten Wein".

In den nächsten Jahren wollen wir beobachten, ob diese Regeln auch wirklich zutreffen, ob es allgemeine Regeln sind, oder ob sie nur in einer bestimmten Region gelten.

Die Traubenlese

Man kann die Traubenlese ganz einfach beschreiben. Der Winzer geht in den Weinberg, schneidet die reifen Trauben ab, legt sie in einen Behälter und trägt sie zur Kelter. Die Dichter ergänzen dieses Bild und sagen, auch die Winzerinnen seien dabei. Sie seien alle jung und schön und sehr fröhlich bei der Traubenlese. So fröhlich, daß sie immerfort sängen. Das ganze Tal und die Weinberge erklängen von ihrem Jubel.

Ganz so einfach ist die Beschreibung aber doch nicht; denn es gibt große Unterschiede bei der Lese. Es ist etwas anderes, wenn man die Trauben an dem Rebstock abschneidet, der an der Hauswand steht, und wieder etwas anderes, wenn man in einem südlichen Weingarten bei milder Herbstsonne Trauben erntet, und noch etwas ganz anderes, wenn man in einem Steilhang bei kühlem Wetter oder gar nach einem Regen die Trauben bergen muß.

Eine reliefverzierte, römische Säulentrommel aus Sandstein (1. Jhdt. v. Chr.), Bestandteil einer sogenannten „Jupitersäule“, die in Speyer gefunden wurde. Mit solchen Kultsäulen ehrten die Römer ihre Gottheiten. Auf diesem Säulenteil wird die Weinlese dargestellt, auch ein früher Beleg für die Bedeutung des Weinbaus in der Pfalz.

Von dem Wunder der Traubenlese in einem südlichen Obst-und Weingarten mit ringsumzogener Mauer spricht schon Homer bei der Beschreibung des Phaiakenlandes:

> Allda prangt auch ein Feld, von edlen Reben beschattet.
> Einige Trauben dorren auf weiter Ebne des Gartens,
> An der Sonne verbreitet, und andre schneidet der Winzer,
> Andere keltert man schon. Hier stehen die Herling in Reihen,
> Dort entblühen sie erst, dort bräunen sich leise die Beeren.

Ein Paradies der Winzer ist das. Unter einer stetig scheinenden, südlichen Sonne reifen in diesem Lande die Trauben nicht alle zur gleichen Zeit, sie reifen nacheinander und bieten dem Winzer eine immerwährende Ernte. Er muß nur die reifen Trauben auswählen zum Schnitt.

Nur etwas für Schwindelfreie ... Weinbergsanlage bei Winningen a. d. Mosel. (Foto: V. Moos-Brochhagen)

Eine Vorstellung davon, wie die Traubenlese an einem Steilhang in einem nördlichen Weinanbaugebiet ist, kann man sich verschaffen, wenn man z. B. nach Bacharach geht und dort nach einem Spaziergang am Rhein entlang zur Weinlage Hahn über den Berg nach Bacharach zurückwandert. Dann steht man auf einmal hoch über Bacharach, und die Weinberge zur Stadt hin sind so steil, daß man die unteren gar nicht sehen kann. Man kann, wenn man mutig auf die Kante des Weges vortritt, eine Weinbergszeile hinunterschauen. Da sieht man aber, wie sich am Ende der Zeile ein Abgrund auftut. Dort liegt die Stadt. Wie abgebrochen erscheint die Zeile, so als ob sich der darunterliegende Weinberg nach innen wende, dem Berg zu, im freien Fall. Dort müssen die Winzer schwindelfrei sein und Akrobaten dazu, wenn sie im Hang mit Traubenbüttchen, Schere und Trauben jonglieren wollen. Da wird die Traubenlese, die im Süden so friedlich ist, zu einem richtigen Abenteuer. Das sei alles gar nicht so schlimm, wie es scheine, sagen die Winzer dort. Die Steigung betrage höchstens 60–70%. Man müsse nur feste, hochgeschnürte Stiefel anziehen und dafür sorgen, daß man immer einen festen Stand habe.

Nicht nur am Mittelrhein, auch an der Mosel und in anderen Weingegenden kann man solche Steillagen finden.

Bei der Traubenlese kommt es darauf an, daß die Leser die Trauben möglichst sauber und ohne störendes Beiwerk, wie Blätter und Aststücke, in ihre Büttchen legen. Auch die unreifen Trauben müssen sie aussondern, das sind vor allem Geiztrauben, kleine, nicht entwickelte, unreife Trauben, die an den Geiztrieben hängen.

Sind die Büttchen voll Trauben, kommt der Butten- oder Logelträger, der einen großen Behälter wie eine Kiepe auf dem Rücken trägt. Er beugt ein wenig seine Knie und die Leser recken sich, damit sie ihre Büttchen in seine Butte leeren können.

Wie gerne wollte ich als Kind immer ein Buttenträger sein. Er schien mir der wichtigste Mann im Weinberg. Ein Buttenträger war wirklich erwachsen.

Der Buttenträger leert seine Last in eine große Bütte, die auf einem Wagen unterhalb des Weinbergs steht. So kann die Ernte leicht zur Kelter befördert werden.

Eines muß ich noch sagen. Es gibt da ein merkwürdiges Phänomen.

Manchmal hört man trotz trüben und kalten Wetters die Leser in den Weinbergen fröhliche Lieder singen. Wer weiß, wie das ist, wenn man mit kalten und klammen Fingern, vom Wind durchblasen, rotnasig Trauben zu schneiden versucht, der wird sich da wundern.

Ein fränkischer Weinlesewagen, beladen mit zwei großen Mostbütten, einer Traubenmühle und einer Tragebütte. (Foto: H. Harth; Mainfränkisches Museum, Würzburg)

Zwei Erklärungen gibt es für dieses Phänomen. Die einen sagen, die Leser machten sich selber Mut und vergäßen beim Singen die frierenden Hände. Die anderen sagen, das sei ein Trick sparsamer Winzer. Sie hielten die Leser zum Singen an, damit sie während des Singens nicht von den Trauben naschen könnten.

Die patentierte Seilbahn des Schlossermeisters Pirch aus Marburg. Mit ihr wurden um die Jahrhundertwende Erde, Dünger und Pfähle in die Weinberge befördert und zur Zeit der Lese auch die Trauben eingebracht.

Da muß ich nun an die Regeln denken, die der edle Herr v. Vorster, ein guter Freund Pater Anselms, jüngst, es war im Jahre 1765, für die Weinlese aufgestellt hat.
Ich will versuchen, diese Regeln, so gut es eben geht, aus der Erinnerung zu zitieren:
Die alten Weiber sind die schädlichsten Traubenleser, da ihnen das Bücken, um die abgefallenen Weinbeeren aufzulesen und die unten hängenden Trauben abzuschneiden, zu beschwerlich fällt, aber auch, weil das hohe Alter der Lüsternheit am meisten ergeben ist. Zuweilen haben solche alten Weiber heimliche Diebessäcke unter ihren Röcken, in welche sie leicht viele Trauben verbergen können.
Junge Burschen sind zur Weinlese tauglicher als junge Mägdlein; denn wenn die langen Röcke der Mägdlein durch das feuchte Gras erst einmal naß geworden sind, fangen sie an zu frieren und werden zu weiterer Arbeit ganz verdrießlich und faul.
Am ersten Tag soll man die Leser nicht in den besten Weinberg stellen, weil ihre Begierlichkeit, von den Trauben zu naschen, anfangs am heftigsten ist.

Dieses um 1460 im Elsaß angefertigte September-Monatsbild zeigt einen Buttenträger, der die Trauben mit einer Holzkeule einmaischt.

Darstellung der Weinlese im Wiener Codex „Tacuium Sanitatis", Ende 14. Jhdt.

Man soll nicht bis in die späte Nacht lesen lassen, denn am Abend bleiben oft Trauben hängen, teils weil die Leser müde sind, teils weil sie die Trauben in der hereinbrechenden Dämmerung nicht mehr so gut sehen können.

Der Winzer muß sorgen, daß er bei der Weinlese nicht der letzte sei. Während viele Gewächse nur von gewissen Tieren und Arten von Ungeziefern heimgesucht werden, ist kaum ein Lebewesen zu finden, das nicht gerne von den Trauben nascht. Wer bei der Traubenlese der letzte ist, muß daher fürchten, daß sich alle Traubendiebe in seinen noch unabgelesenen Weinbergen versammeln.
Soweit einige Regeln des Herrn v. Vorster.

Der Keller

Wenn die Trauben gelesen sind, werden sie zum Haus des Winzers gebracht und in Mühlen gemahlen, so daß ein sehr grober Brei entsteht. Den nennt man Traubenmaische. Diese Maische wird gekeltert zu Most, der durch sogenannte „Geleite" in den Keller läuft und dort in ein Faß geleitet wird, in dem er zu Wein vergären darf. Geleite sind ellenlange, gedrechselte Holzröhren, die zu einer langen Röhre zusammengefügt werden können, durch die der Wein in den Keller läuft. Mit Hilfe von genähten Lederschläuchen, die als Gelenke dienen, kann man diese Holzröhren auch um Ecken führen.

Bevor also die Traubenlese beginnt, muß der Keller für die Aufnahme des Mostes bereitet werden.
Bei uns hier liegen die Keller meist tief in der Erde. Wie Eingänge zur Unterwelt sind sie, geheimnisvoll, dunkel und feucht. Im Zwielicht spielen die Schatten. Oft denke ich an die schaurige Geschichte vom Faß voll Amontillado und höre aus dunkler Ecke die ersterbenden Schreie des Eingemauerten. Lichtscheues Raubgesindel haust in Höhlen und Kellern. – Da sind aber auch die Geister der großen Weinfässer, wie sie der Dichter Wilhelm Hauff selbst erlebt und in seinen Phantasien im Bremer Ratskeller als Herbstgeschenk an seine Freunde beschrieben hat. Sie erwachen am 1. September um Mitternacht und kommen in einem kleinen Kellergemach des Ratskellers zusammen, um vergangener Zeiten zu gedenken, der sanften Rebenhügel der Heimat, des lauen Stroms und der blühenden Täler. Als der Dichter sich dort über Nacht einschließen ließ, kamen sie zu ihm, die Geister der Edlen von Nierenstein 1718 und Rüdesheim 1728 aus dem Apostelkeller mit den anderen, die dort lagen, sogar der Geist des riesigen Rosenfasses von 1615 erschien. Selbst der steinerne Roland hat ihn dort besucht, herbeigelockt vom Duft des Weines.

Der „Bacchuskeller" im Bremer Ratskeller. (Kupferstich, um 1820)

In Kellern leben auch geheimnisvolle Quellen und Brunnen, von schönen und guten Wasserfrauen gehütet, und in Blaubeuren kommt die schöne Lau und schaut zu, wenn die Wirtin im Keller Wein abfüllt. Sie bringt Segen dem ganzen Hause.

Auch an Auerbachs Keller denke ich, einen Ort weinfroher Gemütlichkeit, und an all' die Trinklieder, z. B. das bekannte Lied aus dem 16. Jahrhundert:

Den liebsten Buhlen, den ich han,
der leit beim Wirt im Keller,
er hat ein hölzens Röcklein an
und heißt der Muskateller.

So unterschiedlich wie die Kellergedanken, so verschieden sind auch die Keller, in denen der Most zu Wein wird und lagern und reifen darf. Riesige römische Kelleranlagen wie der Keller der Güterverwaltung der Vereinigten Hospitien in Trier, der zur Römerzeit das größte Lagerhaus nördlich der Alpen war, findet man neben modernen Kellern und Kellern aus dem Mittelalter, wie z. B. dem Keller der Württembergischen Hofkammer-Kellerei in Stuttgart, oder alten, in den Fels gehauenen Kellern wie etwa im Schloßgut Diel auf Burg Layen. Man müßte einmal eine Weinkellerreise durch Deutschland machen, um dann aus dem Vergleich der Unterschiede den Gang in den Keller erst richtig genießen zu können.

Die bereits von den Römern erbaute Kelleranlage der Vereinigten Hospitien in Trier gilt als der älteste Weinkeller Deutschlands.

Bei allen Kellergedanken und Kellerliedern hat jedoch noch kein Dichter verkündet, wie sehr der Weinkeller ein Ort besonderer Sauberkeit ist, und der Kellerputz ward so wenig besungen wie der Hausputz. Dabei ist die Sauberkeit eine wichtige Voraussetzung für einen guten Wein. Schon der römische Schriftsteller Columella (um 60 n. Chr.) empfiehlt größte Sauberkeit im Keller. Die Römer mußten ihre Amphoren putzen so wie wir unsere Fässer, damit nicht ein fremder Geschmack den Wein verdürbe.

Unser Hauptputzmittel ist das Wasser, heiß und kalt. Auch der Schwefel hilft schon immer und in allen Weingegenden bei der Sauberkeit und hält den Wein gesund. Kleinere Fässer werden beim Putzen hin und her gerollt auf Holzschienen. Manche Fässer sind auch so groß, daß man sich durch ein enges Türchen hineinzwängen kann, um das Faß mit Wasser und Bürste von innen zu reinigen.

Es gibt auch eine Geschichte von einem solchen Faß, das einmal Weindieben zum Verhängnis geworden ist. Sie waren in einen Keller eingestiegen und gerade dabei, ihr Diebesgut zusammenzusuchen, als sie hörten, daß die Kellertür aufging. So zwängten sie sich in ein großes Faß, dessen Türchen offen stand und dachten, sie hätten ein besonders schlaues Versteck gefunden. Nach einer Weile wurde es im Keller still, da die Winzer ins Haus gegangen waren, um ein Werkzeug zu holen. Die Diebe dachten, sie seien gerettet. In ihrer Erleichterung fanden sie plötzlich Gefallen an ihrer engen Klause und da sie ein paar Flaschen mit ins Faß genommen hatten, begannen sie schon dort, auf ihr Glück zu trinken. Dann konnten sie aber, so wie der Wolf im Märchen, nicht mehr durch das enge Loch hinaus. Die Winzer merkten bald, was in dem Faß vor sich ging. Sie haben die Diebe zwar nicht erschlagen, aber schön durchfeuchtet und mit einem Schnupfen abziehen lassen.

Es gab und gibt auch wahre Riesenfässer.
Die Mönche in Eberbach hatten ein Faß gebaut, das 70 000 Liter fassen konnte und waren stolz darauf, bis die aufständischen Rheingauer zur Zeit der Bauernkriege ins Kloster einbrachen, das Faß raubten und auf der vor dem Kloster gelegenen Wacholder Heide fast ganz leer tranken.

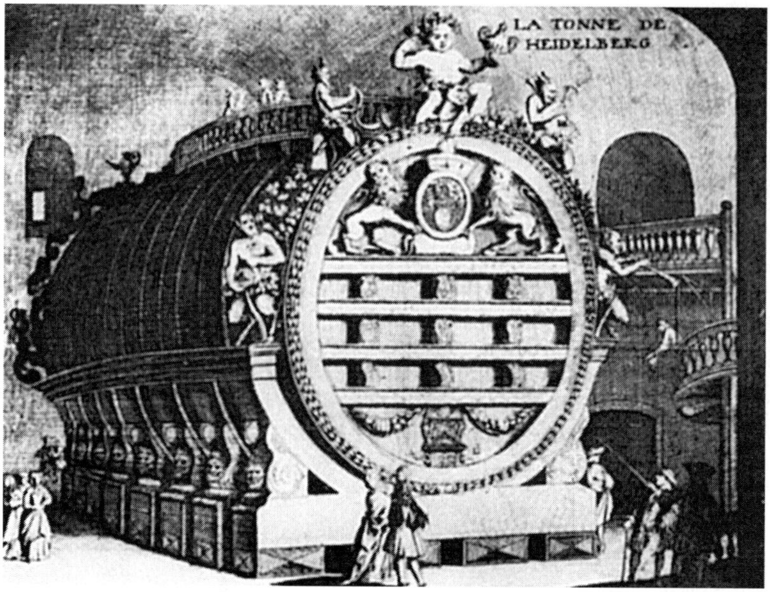

Das „Große Faß" von Heidelberg. Nachdem bereits im Jahre 1591 in Heidelberg ein erstes Riesenfaß gebaut wurde, hat man 1663 dann das auf diesem Stich abgebildete, mit einer Bühne versehene, zweite Riesenfaß gezimmert.

In Heidelberg im Schloß ist ein Riesenfaß noch heute zu sehen. Eine Bühne ist darauf errichtet, auf der man herumspazieren kann.
Auch in Bad Dürkheim habe ich solch ein Faß gesehen. Das ist so groß, daß man darinnen wohl sitzen könnte an mehreren Tischen und schmausen und trinken so recht am rechten Ort. Zu diesem Faß paßt die gewaltige Trinkschale auf dem Domplatz zu Speyer. Als ich sie sah, kam mir das Faß in den Sinn, und ich dachte, in der Pfalz müsse wohl ehedem ein Riesengeschlecht den Weinbau betrieben haben, oder aber, die Pfälzer hätten einen Riesendurst …

Da der Keller in der Erde geborgen ist, schwankt dort die Temperatur nicht so stark wie im Haus. Der Winzer kann aber auch noch etwas für eine gleichbleibende Temperatur tun, indem er die Durchlüftung, den Temperaturschwankungen entsprechend, regelt. Ideal ist es, wenn die Temperatur nur zwischen 10 und 12° Celsius schwankt. Sie sollte nicht unter 8° sinken und nicht über 20° ansteigen.
Vom Lagerkeller muß man den Gärkeller unterscheiden, in den der Wein zuerst gelangt. Dort kann es nötig werden, den Keller zu erwärmen, um die Gärung zu befördern.
Darauf komme ich noch, wenn wir von der Gärung sprechen.

Die Keltern

Aus den Trauben also muß der Winzer den Most gewinnen, indem er die Stiele, oder besser, das Stielgerüst und die Traubenschalen vom Saft der Trauben trennt. Er hat natürlich keine Zeit, die Trauben einzeln auszudrücken. Er braucht ein schnelleres Verfahren.

Was mit den Händen zu lange dauert, geht schneller mit den Füßen, in denen mehr Kraft zum Ausdrücken steckt, da auf ihnen das ganze Gewicht des Körpers ruht. So hat man schon in der Zeit, in der das Alte Testament geschrieben wurde, die Trauben in einen Trog geschüttet, der einen Abfluß hatte, hat sich die Füße gewaschen und ist dann in den Trog gestiegen, um die Trauben zu treten und so den Saft aus ihnen herauszuquetschen. Auch die Griechen und Römer haben es so gemacht.

Die Traubenlese an einer „Vinea camerata“ zeigt uns dieses italienische Kalenderbild aus dem 15 Jhdt. Das Lesegut wird in einen aufgesetzten, durchlöcherten Tretkasten aus Holz gefüllt und von einem Lesehelfer zerstampft. Der Traubensaft kann in die darunterstehende Mostbütte abtropfen.

Im Kelterlied Anakreons (etwa 575–490 v. Chr.) heißt es in Mörikes Übersetzung:

Schwarze Trauben erst in Körbchen
Bringen Jünglinge und Mädchen
Auf den Schultern hergetragen.
In die Kelter aber schütten
Jene sie sofort und lösen
Nun den Most, die Beeren tretend.

Und sie sangen dabei fröhliche Lieder; denn Anakreon fährt fort:

Hoch erschallt das Lob des Gottes
Hoch in lauten Kelterliedern,
Während sie den jungen Bakchos
In der Tonne brausen sehen.

Später wurde das Kelterverfahren etwas verbessert. Die Winzer bauten sich Tröge mit doppelten Böden, von denen der obere durchlöchert war, so daß er wie ein Sieb wirkte.

Das Traubentreten dauerte natürlich auch so noch recht lange. Wer das Keltern beschleunigen wollte, mußte viele Treter in großen Trögen einsetzen. Aber auch das war nicht günstig, da die Winzer ja alle Hände zur Traubenlese brauchten, und die Hände von den Füßen nicht zu trennen waren.

Die Ägypter preßten die Traubenmaische durch ein festes Tuch, das sie, in ein Holzgestell eingespannt, zusammendrehten und auswrangen. Umzeichnung einer Wandmalerei aus einem Felsengrab bei Beni Hassan.

Die Ägypter hatten eine andere Methode. Sie schütteten ihre Traubenmaische in ein festes Tuch, das sie dann von beiden Seiten zusammendrehten, so daß der Saft durch das Tuch quoll. Ob das viel schneller ging, muß ich bezweifeln. Ich glaube auch nicht, daß die Trennung von Saft und Trauben auf diese Weise viel wirksamer erfolgte. Um Arbeitskräfte und Zeit zu sparen, haben manche Winzer Steinwalzen über die Trauben gerollt. Das war aber auch nicht viel besser. So wurden schon vor langer Zeit Keltermaschinen entwickelt, in denen durch große Schrauben engsitzende Deckel so auf feste Holzkörbe gedrückt werden, die mit der Traubenmaische gefüllt sind, daß der Most durch die Korbritzen quillt, und am Ende nur noch ein ziemlich trockener Kuchen, der Preßkuchen, aus Stielen und Traubenschalen im Korb bleibt.

Jetzt könnte ich bis morgen früh und noch länger erzählen, wenn ich von allen Arten der Keltermaschinen berichten wollte. Am besten sehen wir uns mal eine an.

Eine alte Traubenmühle aus Sandstein. In solchen Traubenmühlen hat man die Trauben gemahlen, bevor sie anschließend in einer Kelter gepreßt wurden. (Foto: S. Bingenheimer; Alsenhof, Lauf am Neckar)

HIER HABEN WIR EINE HOCHMODERNE KELTER-ANLAGE, DIE KÜRZLICH FERTIGGESTELLT WURDE...
SIE IST GUT GEBAUT. DIESE ANMUT, DIESE ELEGANZ,...
HM...JA,JA...
...GEPAART MIT UN-BÄNDIGER KRAFT, DIE ALLES ZERQUETSCHT, WAS SIE ZU UM-FANGEN VERMAG!
GULP!
VIER..! BEREITS VIER!
DAS REICHT NICHT, OSKAR!
ES IST BEREITS ACHT, KARL!
DAS KÖNNTE REICHEN, ABER ES SIND ERST VIER!
OSKAR, GEH' WIEDER ZURÜCK UND MELDE UNS, WENN ES ACHT SIND. DAS WIRD SO GEGEN VIER SEIN...
..??
DAS SIND DIE 'Ö'ER' MATHÉMA-TIQUES...

Im wesentlichen arbeiten die Keltermaschinen alle in der gleichen Weise. Der Most fließt durch die hölzernen Geleite in den Keller, der Traubenkuchen bleibt zurück. Manchmal ist er größer, manchmal ist er kleiner, manchmal trocken, manchmal noch feucht. Der Winzer muß nach der Qualität der Trauben entscheiden, wie weit er sie auspressen darf, um einen guten Wein zu erhalten.

Bei großem Preßkuchen, wenn viele Trauben in eine große Kelter kamen, muß der Most einen weiten Weg zurücklegen, bevor er durch die Ritzen des Korbes quillt, und er wird auf diesem Weg schon ein wenig gereinigt. Bei kleinem Preßkuchen kommen noch mehr Teilchen mit dem Most geflossen, die für den Wein nicht gebraucht werden. Da lassen die Winzer den Most oft einige

Im romanischen Laienrefektorium des ehemaligen Zisterzienserklosters Eberbach kann man sich heute eine Sammlung 16 mächtiger Dockenkeltern aus den Jahren 1668–1801 ansehen, die noch bis zum Jahre 1925 in Gebrauch waren.

Zeit in einem Bottich stehen, bis sich diese Teilchen, soweit sie schwerer sind als der Most, auf dem Boden abgesetzt haben, und füllen den Most erst dann in das Gärfaß. Wir nennen das die Vorklärung.

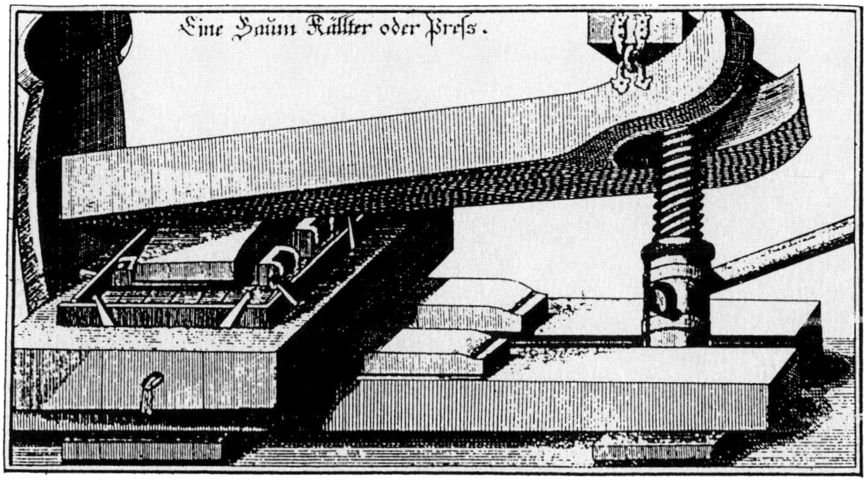

In seinem Lehrbuch „Rheingauer Weinbau" (1765) hat Vorster sowohl eine Baumkelter (oben), als auch eine Dockenkelter abgebildet. Diese „Baum-Källter oder Press" war eine einarmige Hebelpresse, hier schon im Gegensatz zu früheren Baumkeltern mit einer Spindel versehen, die das Bewegen des gewaltigen Preßbaumes erleichterte. Die Dockenkelter ist eine, nach ihren beiden starken Balken an der Seite, den „Docken", benannte Spindelkelter. Sie übte den Druck auf die Traubenmaische direkt aus und nicht über den Umweg eines Hebels. Da der Druck von oben ausgeübt wurde, nannte man diese Keltern auch Hochdruckkeltern.

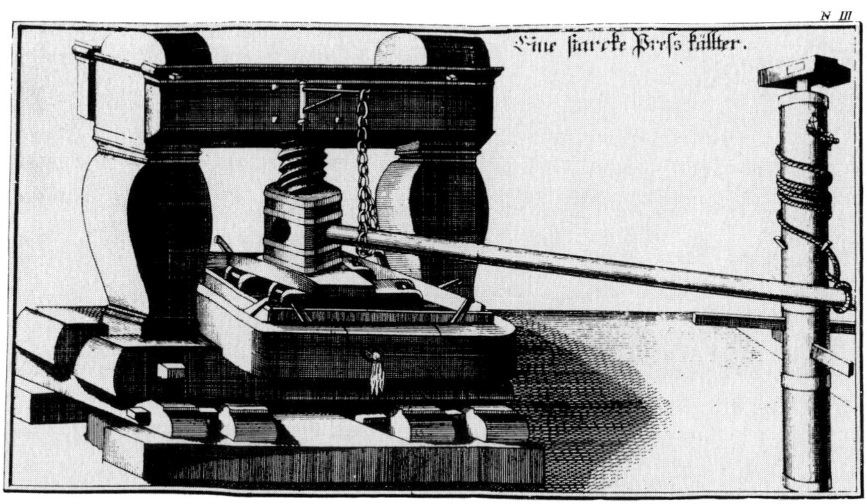

Die Gärung

Nun will ich versuchen, die Gärung, und was damit zusammenhängt, schön der Reihe nach zu beschreiben. Der ruhige Most wird also ins Faß geleitet. Der Winzer füllt das Faß aber nicht ganz voll; denn nach einer Weile im Keller beginnt der Most, sich im Faß zu regen. Er wacht auf und wird lebendig, dehnt sich und braust und schäumt und quillt aus dem Faß, wenn er dort nicht Raum für seine neuen Kräfte findet. Er zerreißt alte Schläuche und sprengt die Flaschen, wenn er zu früh, noch gärend, in Flaschen gefüllt wird. Das Faß wird deshalb auch nicht fest verschlossen, sondern am Spundloch auf dem Faß nur mit einem Gärverschluß versehen, der wie ein Ventil wirkt. Die gasförmigen Produkte der Gärung können hinaus. Trotzdem bleibt das Faß gegen ungünstige Einflüsse von draußen verschlossen.

Bei der Herstellung solcher Gärverschlüsse nutzt der Winzer den Umstand, daß zwar die Gärgase von innen gegen die Faßwände drücken, außen aber nichts ist, was in das Faß hineindrängt. Er nimmt einen topfähnlichen Behälter, steckt durch dessen Boden ein kurzes Rohr, das ins Spundloch paßt, so weit hinein, daß es innen übersteht. Um dieses überstehende Rohrende herum kann er dann in diesem Behälter ein kleines Wasserbad bereiten. Dann kann er schon durch einen Becher, den er umgekehrt in das Wasserbad stellt, einen Gärverschluß herstellen. Die Gärgase drücken von innen gegen den Becher, heben ihn ein wenig hoch und entweichen durch das Wasser. Wenn der Druck nachläßt, sinkt der Becher nach unten und verschließt wieder das Faß. Durch das Heben und Senken der Becher beim Entweichen der Gase entsteht im Keller ein blubberndes Geräusch, an dem der Winzer hören kann, wie die Gärung verläuft. Der Most verwandelt sich im Faß in Wein.

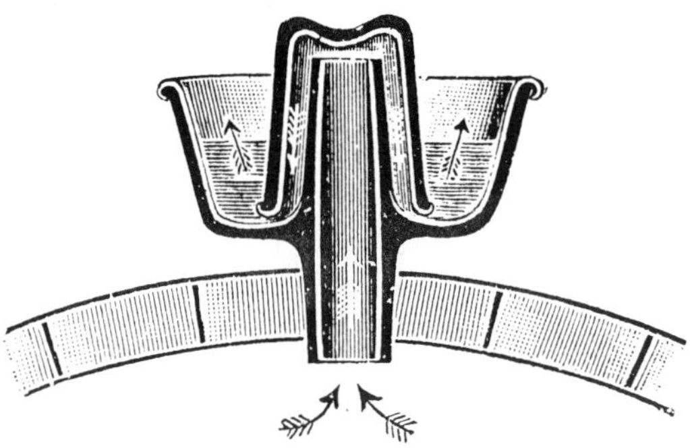

Diese Querschnittszeichnung zeigt den Aufbau eines Gärverschlusses. Die Pfeile zeigen den Weg der Gärgase.

Er erwacht zu einem Leben, das ihn ganz verändert. Vor allem wird seine Süße zu einem großen Teil in Alkohol verwandelt. Die Gärung des Weines ist für den Winzer nicht ungefährlich. Die Gefahr entsteht durch Gase.

Ein aufgesetzter Gärverschluß aus Ton.

Früher haben manche geglaubt, zur Zeit der Gärung seien im Keller böse Geister am Werk, die den vorwitzigen Winzer ermorden wollten, der versuchte, ihre Geheimnisse zu ergründen. Wenn er in den Gärkeller kommt, um nach den brausenden Fässern zu sehen, verwirren sie ihn zuerst, indem sie ihm das Licht ausblasen, so daß er im Kellerdunkel den Rückweg verliert. Dann nehmen sie ihm die Luft zum Atmen, er fällt und muß elend auf dem Kellerboden ersticken.

Heute wissen wir, aber verständige Winzer haben das auch schon zur Römerzeit gewußt, daß es die Gärgase sind, die zuerst dem Licht und dann dem Menschen die Luft zum Atmen wegnehmen; denn Licht ist Feuer und Feuer braucht Luft zum Brennen. Besonders gefährlich ist, daß die Gase wie Wasser von unten her den Raum füllen. Wenn sich also ein Winzer bückt, um etwas aufzuheben, dann taucht er erst richtig hinab in die Gase, und es fällt ihm schwer, sich wieder aufzurichten. So sind oft auch andere Winzer, die einem bereits am Boden liegenden helfen wollten, ebenfalls erstickt. Wir machen uns die Empfindlichkeit des offenen Kerzenlichtes zu Nutze und nehmen immer eine brennende Kerze mit in den Keller, solange die Gefahr besteht, daß dort noch Gärgase lagern. Es gibt auch Versuche, das Gas durch Kanäle und Maueröffnungen nach außen abzuleiten. Das ist aber nicht immer möglich.

Jetzt überlegt ihr sicher, was denn der Winzer tun kann, um die Gärung zu beeinflussen, und ob er das überhaupt soll.

Die Kerze im Keller ist für den Winzer lebenswichtig; sie zeigt ihm, ob noch genug Sauerstoff zum Atmen im Keller vorhanden ist. So kann sich der Winzer die Empfindlichkeit des Kerzenlichtes gegenüber den gefährlichen Gärgasen zunutze machen.

Schon die Römer, die sich sehr eingehend mit dem Weinbau und auch der Kellerwirtschaft beschäftigten, haben gewußt, daß die Wärme einen Einfluß auf die Gärung hat. Mit der Gärung ist es so wie mit allen Lebensäußerungen. Wenn es zu kalt ist, erstarrt das Leben, wenn es zu kalt ist im Keller, fängt der Most erst gar nicht an zu gären. Wenn es zu warm ist, dann verpraßt er seine Lebenskraft in kurzer Zeit und mit der Lebenskraft auch viel von seinem Wohlgeruch. Im Gärkeller muß also besonders auf die Temperatur geachtet werden. Der Winzer kann den Most, der stürmen will, zu einer vernünftigen Gärung bewegen, indem er die Fässer kühlt, z.B. mit Wasser berieselt und Verdunstungskälte erzeugt. Wenn der Most träge im Faß liegt und sich nicht bewegen will, kann er ihn munter machen, indem er den Gärkeller mit einem Ofen ein wenig erwärmt.

Wenn der Weingeist heftig im Fasse tobt, verliert er schnell seine Kräfte, und der Wein, der entsteht, hat weniger Alkohol als andere Weine und geringeren Duft.
Wenn der Weingeist wie ein guter Arbeiter stetig arbeitet und Ausdauer hat, dann behält er seine Kraft, und der Wein, der entsteht, entfaltet ganz seinen wunderbaren Duft.
Wenig freut es den Winzer, wenn der Wein, den er schon vergoren glaubte, noch einmal anfängt zu gären. Er muß deshalb darauf achten, die Nachgärung zu verhindern, indem er den Wein möglichst bald von der Hefe trennt.

In alten Zeiten wurde eine solche Nachgärung auch als gutes Vorzeichen angesehen, da sie offenbar den Wein vermehrte. Der Historiker Prokop, der etwa 500 n. Chr. geboren wurde, beschreibt in seinem Vandalenkrieg einen solchen Vorgang im Keller des Feldherrn Belisar, der, von einem Kriegszug gegen den Vandalenkönig Gelimer in Afrika zurückkehrend, jungen Wein mitgebracht hatte. Die Knechte füllten den Wein in Fässer, die sie in der Erde vergruben und oben mit Lehm verschmierten. Acht Monate danach geriet der Wein wieder in Gärung, sprengte die Fässer, schäumte über und floß in solcher Menge auf den Boden, daß ein förmlicher Teich entstand.

Die Knechte füllten mehrere Krüge davon und verschlossen die Fässer. Als das mehrmals geschah, riefen sie ihren Herrn und zeigten ihm die Bescherung. Er aber rief seine Freunde zusammen und fragte sie, was das wohl bedeuten könne. Sie sagten, das sei ein gutes Omen, es bedeute, daß Reichtum in sein Haus kommen werde.

Eine ganz wichtige Rolle spielt die Gärung, wenn Rotwein zubereitet wird. Um das richtig erklären zu können, muß ich aber etwas weiter ausholen.

Der Rotwein

Wenn ihr im Herbst vor der Traubenlese durch die Weinberge geht, könnt ihr leicht sehen, daß die Trauben der verschiedenen Rebsorten sehr verschiedene Farben haben. Sie reichen vom grünbläulich schimmernden Silvaner über den gelbgrünlich angehauchten Rotgoldton des reifen Rieslings bis zum tiefen, dunklen Blau des Spätburgunders, des Portugiesers und des Trollingers. Viele blaue Traubensorten gibt es. Aus diesen blauen Trauben kommt der Rotwein. Sie haben aber alle einen weißen Saft. Aus blauen Trauben mit weißem Saft gewinnt der Winzer also seinen roten Wein.
Wie kommt es, daß der Wein aus diesen blauen Trauben so viele verschiedene Rottöne aufweist, das helle Rosa des Weißherbstes ebenso wie das klare Rot des Spätburgunders und das tiefdunkle Rot des Lagrein Dunkel aus dem Eisacktal?

Eine alte elsässische Spindelpresse, erbaut im Jahre 1694. Auf diesem Foto sind die hölzerne Spindel und die Kelterstange sehr schön zu sehen. Erst im 18. Jhdt. wurde das Keltern durch den Einsatz eiserner Spindeln erleichtert. (Foto: M. Scharff; Weinbauausstellung in Colmar, 1986)

Wenn die Traube weißen Saft hat, dann kann der Farbstoff nur aus ihren blauen Schalen kommen. Im Weine wird das Blau zu Rot, und je mehr Farbstoff aus der Schale in den Wein gelangt, desto dunkler wird das Rot.

Wenn die Trauben zur Maische zerquetscht werden, dann werden die Traubenschalen aufgerissen und zerstückelt. So gerät der weiße Saft in ein sehr enges Verhältnis zum Inneren der Traubenschalen und kann sich dort des Farbstoffes bemächtigen. Wird die Maische nun bald gekeltert, dann wird das Verhältnis schnell wieder gelöst, und der Most strömt ins Faß, ohne viel Farbe mitnehmen zu können. So entstehen der hell rosafarbene Weißherbst und der Rosé.

Eine „wohleingerichttete Trauben-Prechg" zum Maischen der Trauben vor dem Keltern. In dieser Traubenmühle, die Vorster in seinem Lehrbuch „Rheingauer Weinbau" (1765) vorstellt, werden die Trauben über zwei geriffelte Holzwalzen gedreht, die von zwei Männern getrennt bedient werden müssen.

Die Farbe des Weines wird umso dunkler, je länger der Saft der Trauben mit den Schalen zusammenbleibt, je länger er also in der Maische stehen bleibt und nicht durch Keltern von den Traubenschalen getrennt wird. Fängt er nun in der Maische sogar an zu gären, dann kann er durch die Kraft des bei der Gärung entstehenden Alkohols immer mehr Farbe aus den Schalen lösen. Der Farbstoff der Schalen ist durch dünne Schichten, die aus Fett und Eiweiß gebildet sind, von dem Saft der Trauben getrennt. Der Alkohol, der bei der Gärung entsteht, löst diese Schichten auf. So kann die Farbe in den gärenden Most gesaugt werden. Der Wein wird rot und schließlich dunkelrot.

Der Winzer stellt also den Rotwein aus blauen Trauben mit weißem Saft dadurch her, daß er die Traubenmaische so lange stehen läßt, bis der rote Farbstoff von dem gärenden Saft aus den Schalen der Trauben herausgerissen ist.

Weißherbst und Rosé entstehen, wenn man die Traubenmaische zwar kurze Zeit stehen läßt, bis einiger Farbstoff in den Saft der Trauben gelangt ist, die Maische aber keltert, bevor die Gärung beginnt. Rosé nennt man auch einen Wein, der aus einer bereits kurze Zeit in Gärung befindlichen Maische gekeltert wurde.
Bei der Rotweinbereitung darf man aber nicht nur an die Farbe denken; denn mit der Farbe holt der gärende Saft aus der Maische auch Gerbstoffe, die mit ihrem strengen Ton den Geschmack des Weines deutlich beeinflussen können. Auf der anderen Seite sind die Gerbstoffe aber auch vorteilhaft, wenn es gilt, den Wein über längere Zeit zu erhalten, und sie fügen sich, wenn der Wein reift, harmonisch in das Gesamtbild seines Geschmacks. Gerbstoffe setzen sich zudem ab, wenn der Wein reift, so daß der gereifte Wein weniger Gerbstoffe enthält als der junge. Der Winzer muß also, wenn er einen guten Rotwein bereiten will, darauf achten, daß Farbe und Gerbstoffe zum Charakter seiner Trauben passen, und wer den Wein trinken will, muß Geduld haben, ihn reifen zu lassen.

Wenn man erklärt, wie Rotwein bereitet wird, darf man nicht vergessen, daß es auch einige Rebsorten gibt, die Trauben tragen, aus denen roter Saft fließt. Färbertrauben nennt man sie. Nicht nur ihre Schale, sondern auch ihr Saft enthalten rote Farbe. Die Kolor- und die Dunkelfelderrebe gehören zu diesen Färbersorten. Aus ihren Trauben kann man auch Rotwein herstellen, wenn man sie „weiß keltert", d.h., wenn man sie keltert, ohne darauf zu warten, daß der Saft in der Maische zu gären beginnt. Der „Weißherbst" aus Trauben des Dunkelfelders z.B. hat eine tief dunkelrote Farbe. Jedoch erreichen die aus solchen Trauben gewonnenen Weine in der Regel nicht die Qualität der Weine, die aus den blauen Trauben mit weißem Saft bereitet werden.

Und noch etwas darf ich nicht vergessen, wenn ich über die Farbe des Rotweins spreche. Wie beim Weißwein, so verändert sich auch beim Rotwein die Farbe mit Alter und Reife.

Aus dem bläulich violetten Rot des jungen Weines wird im Alter ein Rot mit einem leichten Braunton, den meine französischen Freunde prosaisch „Pelure d'oignon“ nennen, d.h. Zwiebelschale.
Wie kann man nur bei Wein an Zwiebeln denken? Aber wenn ich mir's recht überlege, finde ich bei all' den poetischen Worten um den Wein ein paar prosaische Töne ganz erfrischend. Und was heißt hier schon prosaisch.
Kunstwerke werden mit den Sinnen erfaßt.
Eine Symphonie wendet sich an das Gehör, ein Gemälde wendet sich an das Auge, wie der Wein, wenn er tiefrot oder goldfarben im Glase steht. Er wendet sich auch an die Nase und an den Geschmacksinn, genauso wie ein gute Mahlzeit, freundlich angerichtet auf dem Teller, und da kann die Zwiebel eine hohe künstlerische Wirkung entfalten.
Ob ich das ernst meine? – Ich glaube schon, da ich mich auch in den poetischsten Wolken immer gerne der festen Erde versichere; denn nur, wenn ich sicher auf der Erde stehe, kann ich die Poesie wirklich genießen. So weiß ich, daß zum geistbeflügelnden Wein immer ein gutes Mahl gehört, das den Geist wieder ein wenig an die Erde bindet, damit er nicht ganz entfleucht. Zum Mahl aber gehört oft auch eine gute Zwiebel.

... Ich habe die Kirche in Merdingen besichtigt und bin dort auch bei den Winzern eingekehrt. Sie haben mir von ihren Erfahrungen erzählt, und ich habe von ihrem roten Weine kosten dürfen. Da habe ich noch einiges dazu gelernt.

Eines ist mir besonders im Gedächtnis geblieben. Wenn der rote Farbstoff an die Luft kommt, geht er verloren. Luft ist also schädlich für die Farbe. Die Traubenmaische ist aber der Luft ausgesetzt. Selbst wenn man sie in einem geschlossenen Behälter vergären will, muß man ihr Raum lassen, sich auszudehnen. Dieser Raum aber wird zunächst von Luft ausgefüllt. Beginnt die Maische zu gären, dann vertreiben die Gärgase die Luft und die Farbe ist gerettet. Die Gärung muß also möglichst schnell einsetzen. An einem kalten Herbsttag kommen die Trauben aber oft recht kalt in den Bottich. Dann muß man den Gärkeller erwärmen, damit die Maische möglichst schnell zu gären beginnt. Wenn sie einmal angefangen hat zu gären, kann man den Keller wieder etwas abkühlen, damit sie nicht zu sehr stürmt.

Vom Tuniberg aus blickt man über Merdingen und seine St. Remigiuskirche hinüber auf Ihringen am Fuße des Kaiserstuhls.

... Die Farbe spielt bei der Rotweingärung eine ganz wesentliche Rolle. Das ist der wichtigste Unterschied zur Bereitung des Weißweins. Die Farbe steckt in der Schale. In der Schale stecken aber auch die Gerbstoffe. Unreife Trauben enthalten viele Gerbstoffe. Die Rehe mögen das. Sie kommen aus dem Wald, um sich an diesen Trauben gütlich zu tun. Während des Wachstums nimmt der Gerbstoff in der Beere ab. Wenn die Beeren reif sind, haben nur noch die Schalen, die Kerne und die Rappen, die Stielgerüste, Gerbstoffe. Das muß der Winzer beachten. Mit der Farbe holt der gärende Most Gerbstoffe aus den Schalen, den Kernen und den Rappen.

Der Winzer hat vier Möglichkeiten, die Farbe zu gewinnen und zugleich den Anteil der Gerbstoffe zu bestimmen.
Er kann die Schalen aufreißen. Das geschieht schon beim Quetschen der Trauben, aber auch beim Keltern. Die Farbausbeute ist gering. Auch der Anteil der Gerbstoffe ist gering.
Er kann, wie Karl schon beschrieben hat, den Farbstoff durch den bei der Gärung der Maische entstehenden Alkohol aus der Schale lösen. Je länger er die Maische vor dem Keltern gären läßt, desto dunkler wird das Rot des Weines, desto größer aber auch der Anteil der Gerbstoffe. Er kann bei diesem Verfahren aber auch den Gerbstoffanteil niedriger halten, indem er dafür sorgt, daß die Kerne nicht verletzt werden und, das ist das Wichtigste, indem er vor der Gärung die Beeren von den Rappen löst und diese entfernt. Das ist eine schwierige Arbeit.

Um die Beeren von ihren Rappen (Stielgerüst) zu trennen, werden sie durch ein sogenanntes „Rebbelgitter“ aus Draht gedrückt.

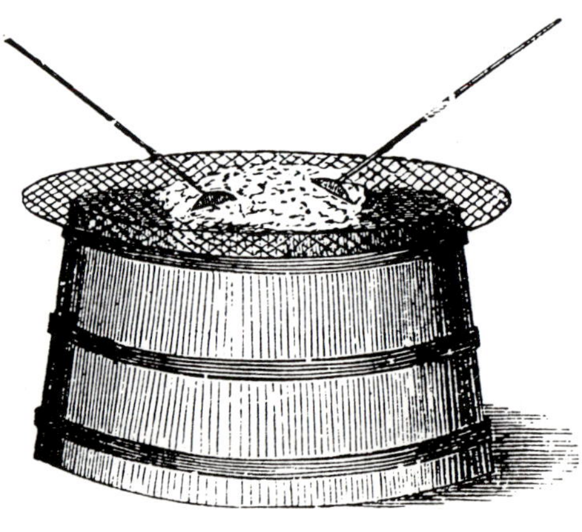

Er muß dabei die Trauben gegen ein Gitter drücken, das die Beeren durchläßt und die Rappen zurückhält.
Er kann auch die Traubenmaische erhitzen und dadurch die dünnen Schichten, die die Farbe in den Schalen halten, auflösen, da sie ja aus Fett und Eiweiß bestehen. Bei diesem Verfahren bleibt ebenfalls der Gerbstoffanteil gering.
Welches Verfahren er anwendet, hängt von seinem Wein ab. Ein kräftiger, alkohlreicher Wein verträgt mehr Gerbstoffe als ein leichter, dafür eleganter und spritziger Wein.
Auch auf die vierte Möglichkeit, das Keltern einer Traube mit rotem Saft, hat Karl schon hingewiesen. Ich denke da an den Dunkelfelder. Man kann den Geschmack eines solchen Weines verfeinern, indem man ihn im Holzfaß lagert.

Mit dem Ende der Gärung ist die Arbeit des Kellermeisters noch lange nicht beendet; denn im Wein befinden sich noch viele störende Stoffe, die eine natürliche Trübung bewirken. Von diesen Stoffen muß der Wein befreit werden, da sie sowohl sein Aussehen als auch seinen Geschmack und nicht zuletzt auch seine Haltbarkeit beeinträchtigen.
Dann muß der Wein so gefüllt und so gelagert werden, daß er zu seiner vollen Reife gelangen kann. Schließlich muß er auch getrunken werden; denn der Wein, der nicht getrunken wird, hat seinen Beruf verfehlt.

Das Abstechen

Martialisch klingt, was auf die Gärung folgt. Der Winzer steigt mit Hahn und Hammer, Stütz (eine Holz- oder Kupferkanne, die in der Regel 10 Liter faßt) und Brenk (Unterstellgefäß) in den Keller, um dort den Wein abzustechen.

Dabei wird aber der Wein nicht erdolcht, sondern nur, wie die Fachleute sagen, vom sedimentierten Trub getrennt. Während der Gärung wird die zwischen Most und Wein schwebende Flüssigkeit – sie wird, weil sie trübe und weiß aussieht, auch Federweißer genannt – im Faß aufgewühlt. Die Hefe und andere feste Stoffe, die weder in der Kelter zurückgeblieben sind, noch sich bei der Vorklärung abgesetzt haben, schweben im Faß. Wenn aber der federweiße Most zu Wein geworden ist und der Wein sich beruhigt hat, dann sinken die Hefen und festen Stoffe, da sie schwerer sind als der Wein, langsam auf den Faßboden, setzen sich dort ab und werden zum „sedimentierten Trub". Das dauert eine ganze Weile.

Die „Stütz" faßt in der Regel 10 Liter. Mit ihr „sticht" der Winzer den Wein ab. (Foto: v. Moos-Brochhagen; Museum der Lehr- & Forschungsanstalt, Geisenheim)

Liegt dann der Trub schön still auf dem Faßboden, schlägt der Winzer den Hahn ins Faß und „sticht" den Wein mit der Stütz ab, d. h. er schöpft den Wein mit der Stützkanne in ein danebenstehendes, leeres Faß, das gereinigt zu seiner Aufnahme bereit steht. So wird die Hefe, die meist noch recht lebendig ist, mit den anderen trübenden Stoffen vom Weine getrennt. Durch die Trennung bleibt weniger Wein zurück als vorher Most im Fasse war. Der Winzer muß also zu dem Wein im neuen Faß Wein hinzufüllen, damit keine Lücke zwischen der Weinoberfläche und dem Spundloch auf dem Faß entsteht, in der die Luft ungünstig auf die Entwicklung des Weines einwirken kann. Ein wenig Schwefel verhindert die Infektion durch Bakterien und erhält den Wein gesund.

Dieser Abstich einige Zeit nach der Gärung ist die erste Maßnahme, den Wein schön und klar zu machen und ihn freizuhalten vom Hefegeschmack. Sie genügt noch nicht. Weitere Abstiche folgen.

Schon die Römer haben überlegt, wann der rechte Zeitpunkt für den ersten Abstich gekommen sei und haben, weil sie ordentliche Leute waren, auch Vorschriften dazu verfaßt. Besonderen Wert legten sie dabei auf Wind und Wetter. Trockenes Wetter sollte sein und der Wind von Norden kommen. Hinsichtlich der rechten Jahreszeit für den Abstich vertraten ihre Fachleute unterschiedliche Meinungen. Plinius z.B. wollte möglichst früh abstechen und Columella wollte ihn bis zur Zeit der Rosenblüte auf der Hefe lassen. Einen genauen, allgemeinverbindlichen Zeitpunkt für den Abstich kann man nicht festlegen, weil die Gärung unterschiedlich abläuft, und die Weine sich nach unterschiedlichen Zeitspannen beruhigen. Dem Winzer bleibt nichts anderes übrig, als die Qualität des Weines immer wieder genau zu prüfen. Karl der Große hat seinen Kellermeistern deshalb aufgegeben, die Weine nach der Gärung fleißig zu prüfen, um festzustellen, wann die Zeit für den Abstich gekommen sei.

Das Prüfen aber ist eine sehr verantwortungsvolle Tätigkeit. Da gibt es zwar eine Geschichte, in der erzählt wird, ein Winzer habe seinen Wein so oft und gewissenhaft geprüft und auch noch seine Freunde zur Prüfung hinzugezogen, bis der Abstich gar nicht mehr notwendig gewesen sei. Diese Geschichte gehört aber sicher ins Reich der Fabel, obwohl sich mehrere zuverlässige und gutbeleumundete Zeugen dafür verbürgt haben; denn das waren alles Leute, die dabei gewesen sein wollen.

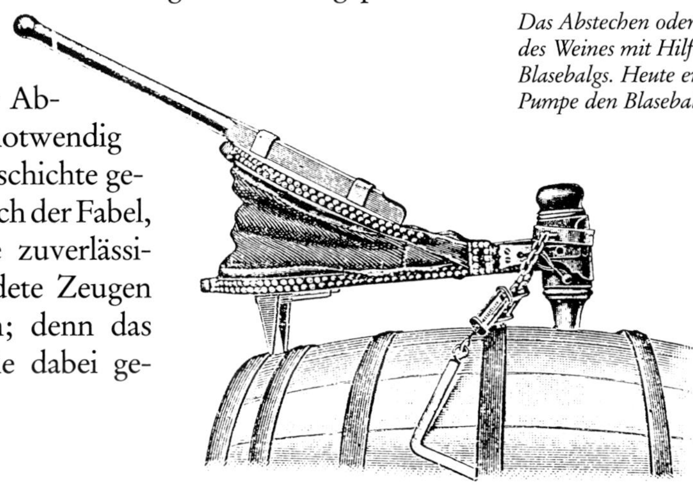

Das Abstechen oder Abziehen des Weines mit Hilfe eines Blasebalgs. Heute ersetzt die Pumpe den Blasebalg.

Das Schönen

Durch den Abstich kann der Wein zwar von dem gröbsten Trube befreit werden, es bleibt aber die Trübung, die durch kleinste Teilchen bedingt ist, die nicht schwerer sind als Wein und weiter im Wein schweben und schwimmen. Sie trüben nicht nur den Wein, sondern auch seinen Geschmack.

Im Hausbuch der Mendelschen Zwölfbrüderstiftung wird auch eines Bruders gedacht, der von Beruf Küfer war und im Jahre 1474 verstarb. Die Abbildung zeigt ihn bei seiner Arbeit im Weinkeller, man sieht ihn mit einem Blasebalg den Wein abstechen.

Der Winzer muß also noch mehr tun, um seinen Wein zu der kristallenen Klarheit zu bringen, in der er seinen Geschmack am besten entfalten kann. Eine Möglichkeit besteht darin, einen Weg zu finden, auch diese Teilchen so schwer zu machen, daß sie nach unten, auf den Boden des Fasses, absinken und durch einen erneuten Abstich entfernt werden können. Früh schon haben die Winzer festgestellt, daß sie dies dadurch bewirken können, daß sie dem Wein Eiweiß beimischen oder Hausenblase. Das ist die gereinigte und getrocknete Schwimmblase des Fisches Hausen. Auch die Schwimmblase des Stör und des Wels wird benutzt, ebenso Tonerde (Bentonit) oder auch Gelatine. Alle diese Mittel ziehen entweder die trübenden Teilchen an oder gehen mit ihnen eine Verbindung ein, machen sie dadurch schwerer als Wein und setzen sich mit ihnen auf dem Faßboden ab. Durch einen erneuten Abstich wird dann der Wein wieder in ein frisch gereinigtes Faß abgezogen, und der neue Trub bleibt im alten Faß zurück. Alle Schönungsmittel werden also mit dem neu sich bildenden Trub wieder aus dem Wein genommen.

Auch im Schönen des Weines sind uns die Römer vorangegangen. Wie uns der Dichter Horaz, der zur Zeit des Kaisers

Augustus lebte, überliefert hat, haben sie Taubeneier benutzt, um den Wein zu schönen. Er spricht freilich nicht vom Eiweiß, sondern vom Dotter der Eier. Bassermann-Jordan meint, dies sei entweder eine dichterische Freiheit oder darauf zurückzuführen, daß sich der weinbegeisterte Dichter nicht so genau um die Wirklichkeit gekümmert habe, wie ihr das tut, Herr Geheimrat, sondern seinen Kellermeister habe wirtschaften lassen. Ihr Vorgehen ist mir da sicher lieber; denn wenig frommt es dem Leser, seinen Wein mit Taubeneigelb vergilbt zu sehen, wenn er eine dichterische Deutung der Wirklichkeit erwartet.

Dieser Holzschnitt von Arnoldus de Nuovavilla (1532) zeigt uns das Verquirlen oder Aufschlagen einer Schönung im Wein mit Hilfe einer Rührlatte.

Auch in den Jahrhunderten, die auf die Herrschaft der Römer folgten, wurde im wesentlichen noch mit Eiweiß geschönt. Um 1300 wurde z. B. empfohlen, auf ein Fuder Wein das Weiß von 24 Eiern zu geben und im Wein zu verquirlen, um dem Wein zur Klarheit zu verhelfen. Das erscheint uns heute doch reichlich viel Eiweiß.

Überall in der Welt werden die Weine geschönt. Da es aber verschiedene Mittel der Schönung gibt, muß der Winzer immer neu entscheiden, welches Mittel dem Charakter und dem Zustand seines Weines angemessen ist und wie intensiv er es einsetzen muß.

Das Filtern

Es gibt auch noch eine dritte Methode, den Wein zu hellem Glanze zu bringen, wenn Abstechen und Schönen noch nicht genügend Klarheit gebracht haben, oder wenn der Winzer auf den langwierigen Vorgang des Schönens verzichten will.

Wenn man eine Flüssigkeit von unerwünschten Teilchen reinigen will, schüttet man sie durch ein Sieb oder läßt sie durch einen Filter laufen. Sieb und Filter müssen so gestaltet sein, daß sie nur das entfernen, was entfernt werden soll. Beim Sieb ist das kein Problem. Das Sieb hat aber den Nachteil, daß es nicht genug trübende Teilchen entfernt. Beim Filter besteht eher die Gefahr, daß er auch Geschmack- oder Duftstoffe zurückhalten könnte, die dem Weine erhalten bleiben sollen. So gibt es auch heute noch Winzer, die dem Filtern des Weines skeptisch gegenüberstehen und meinen, es sei besser, den Wein sich selbst klären zu lassen. Ich meine dagegen, wenn man die richtigen Filter benutzt und sie geduldig und vorsichtig einsetzt, werden sie dem Wein und der Wein uns wohl bekommen.

Diese Darstellung aus dem frühen 16. Jahrhundert zeigt die Anwendung des sogenannten Sackfilters; die ersten Ansätze moderner Filtriermethoden fallen in die zweite Hälfte des 19. Jahrhunderts.

In der Antike wurden von den Römern Siebe aus Bronze zur Reinigung des Weines benutzt. Die Griechen und Ägypter benutzten schon Tücher und unverarbeitete Wolle als Filter. Geändert haben sich seither die Filtermittel und die Filtergeräte. Sie sind leistungsfähiger geworden. Die Winzer haben gelernt, Filter zu finden, die aus dem Wein nur die Stoffe herausholen, die ihm schaden, und alle die Stoffe im Wein belassen, die seinem Charakter entsprechen und seiner Reife förderlich sind.

Mittlerweile ist der Wein also schön und klar geworden. Er liegt nach dem letzten Abstich in einem sauberen Faß wie in einem neubezogenen Bett, ruht von seiner Behandlung aus und reift.

Nun muß er noch in Flaschen abgefüllt werden, damit ihn seine Freunde kaufen und mit nach Hause nehmen und trinken können.

DAS ABFÜLLEN

Aber da gibt es für den Kellermeister ein neues Problem: Wann ist der rechte Zeitpunkt für das Abfüllen gekommen?
Wir wissen, daß der Wein im Faß schneller reift als in der Flasche. Das liegt daran, daß der Wein im Faß, auch wenn er dort so gut wie möglich durch festen Verschluß und Nachfüllen von der Luft abgeschlossen ist, der Luft und damit dem Sauerstoff mehr ausgesetzt ist als in der Flasche. Er kann durch das Holz Sauerstoff aufnehmen und verdunsten, so daß Nachfüllen notwendig wird, bei dem wiederum Sauerstoff aufgenommen wird.

Ein weiteres Bild aus dem Hausbuch der Mendelschen Zwölfbrüderstiftung zeigt einen Büttner (Küfer, Faßbender) bei seiner Arbeit, der Herstellung von Bütten und Fässern. (1485)

Wir wissen auch, daß manche Weine schneller reifen als andere. So sind manche Weine schon bald nach der Gärung bereit. Sie schmecken fruchtig und frisch. Manche Weine erreichen ihre Reife erst sehr spät und bewahren den ganzen Wohlgeschmack ihrer Reife über viele Jahre. Die leichten Weine (Weine mit wenig Alkohol) sind es, die schnell reifen.
Die schweren, an Geschmackstoffen reichen Weine altern langsam.
Wenn der Winzer also einen leichten Wein lange im Faß liegen läßt, wird dieser Wein bald arm an Geschmack, er verliert seine Farbe und vor allem seine Fruchtigkeit und Frische. Der leichte Wein muß also früh gefüllt werden. Den schweren und reichen Wein dagegen kann der Winzer getrost längere Zeit im Faß lassen, damit er im Faß bereits eine erste Stufe der Reife gewinnt. Manche Winzer meinen, bei solchen Weinen bestehe, wenn sie zu früh gefüllt würden, die Gefahr, daß sie in der Flasche ihre volle Reife nie mehr erreichten.

Das Lagern

Da der Wein im Faß seinen Höhepunkt viel früher erreicht und überschreitet als in den Flaschen, ist es in der Regel zweckmäßig, den Wein, der längere Zeit aufbewahrt werden soll, in Flaschen zu lagern. Früher wurde der Wein in Lederschläuchen, Amphoren oder Fässern gelagert. In Zinnkannen und Bechern wurde er aus dem Keller geholt, wenn er getrunken werden sollte.

Schon im Alten Testament ist vom Wein in Schläuchen die Rede, und Miguel de Cervantes (1547–1616) läßt Don Quijote, seinen Ritter von der Traurigen Gestalt, ein schreckliches Abenteuer in einem Gasthaus erleben, in dem der rote Wein auch in Schläuchen aufbewahrt wird. Im Traum hält er die Weinschläuche, die an der Wand des Zimmers hängen, für einen gefährlichen Riesen, dem er mit seinem Schwert zu Leibe rückt. Er ersticht ihn und watet in seinem Blute, sehr zum Mißvergnügen des Wirtes.

Don Quijote im Kampf mit mehreren Weinschläuchen, die er für einen gefährlichen Riesen hält.

Wie dick und groß solche Schläuche sein konnten, könnt ihr euch leicht vorstellen, wenn ihr euch an das arabische Märchen aus „Tausend und eine Nacht“ von Ali Baba und den vierzig Räubern erinnert. Der Räuberhauptmann verkleidete sich als Ölhändler und versteckte siebenunddreißig seiner Räuber in leeren Ölschläuchen, wo sie Morgiane fand und mit heißem Öl tötete. Jeweils ein Räuber war in einem Schlauch.

Die Schläuche waren also so groß, daß sich ein Mann in einem Schlauch verbergen konnte.

Die Römer haben aber auch schon Glasflaschen zur Lagerung des Weines benutzt. Eine dieser Flaschen, in der der römische Wein noch heute schlummert, kann man im Museum in der alten Wein- und Kaiserstadt Speyer besichtigen. Auf dem Wein schwimmt auch noch das Öl, das ihn vor dem Einfluß der Luft schützt. Die Flasche sieht unseren heutigen Flaschen schon sehr ähnlich. Sie hat einen engen Hals, der sich gut für einen Korken eignet.

Dieses römische Wandgemälde aus Pompeji zeigt ein Pferdefuhrwerk, beladen mit einem einzigen Weinschlauch. Dieses Gemälde macht deutlich, wie groß die Weinschläuche sein konnten.

Mit Wein gefüllte, römische Glasamphore aus dem 3. Jhdt. n. Chr., die 1867 als Grabbeilage in einem Sarkophag bei Speyer gefunden wurde.

Auch Korken haben die Römer schon als Verschluß benutzt, allerdings in der Regel zusammen mit Harz und Pech. Meist wurden jedoch Wachs und Werg in den Flaschenhals gezwängt, bis sich etwa um 1700 der Kork, die Rinde der Korkeiche, endgültig durchzusetzen begann. Kork ist elastisch und dehnbar. Er paßt sich wunderbar dem Flaschenhals an und läßt so viel Sauerstoff an den Wein, wie dieser braucht, um in der Flasche seine höchste Reife zu erlangen. Ein Nachteil für sehr edle und langlebige Weine ist, daß der Korken nach etwa 20 Jahren brüchig wird und ersetzt werden muß. Dann ist es aber auch meist an der Zeit, die Flaschen ein wenig aufzufüllen, da sie in der langen Zeit der Lagerung durch Verdunsten etwas Wein verloren haben. Zum Auffüllen nimmt der Winzer den gleichen oder, wenn er nur noch wenige Flaschen einer Sorte hat, einen ähnlichen Wein.

Die Flasche wird im Flaschenkeller waagrecht gelagert, damit der Wein den Korken ganz umspülen kann.
Flaschen haben sehr verschiedene Formen und Größen.
Die Form hat auf die Reifung des Weines keinen Einfluß, wohl aber die Größe der Flasche; denn wie schnell der Wein in der Flasche reift, das wird bestimmt von dem Verhältnis der Menge des Sauerstoffs, der durch den Korken in die Flasche eindringen kann, zu der Menge des Weines, der in der Flasche enthalten ist. Ich sagte ja bereits, daß der Sauerstoff entscheidend an der Reifung beteiligt ist. In einer kleinen Flasche kommt weniger Wein auf die gleiche Menge Sauerstoff als in einer großen Flasche. Deshalb reift der Wein in einer kleinen Flasche schneller als in einer großen. Das sollte der Weinfreund beim Kauf beachten. Ich sagte auch schon, daß die ideale Temperatur des Flaschenkellers zwischen 10 und 12° Celsius liegt und 8° Celsius nicht unterschreiten sollte. Am längsten hält sich ein Wein in einem kühlen Keller, da auch die Temperatur die Entwicklung des Weines beeinflußt.

Ein Blick in den Keller der Hessischen Staatsweingüter (Eltville) zeigt ehrwürdige, mit Kellerschimmel überzogene Weinflaschen, die dort in Ruhe reifen ...

Auf dieser Miniatur zu einer Ausgabe des Landwirtschaftslehrbuches des Petrus de Crescentiis aus dem Jahre 1486 sind die Arbeiten des Winzers zusammengefaßt: Dargestellt findet man die Arbeitsgänge im Weinberg, die Lese der Trauben, das Treten und das Keltern der Trauben (das Vorderteil einer Baumkelter ist im Turmeingang sichtbar), sowie die Lagerung und das Verkosten des Weines im Keller.

Ich glaube, jetzt habe ich das Wichtigste von dem berichtet, was man über den Weinbau und die Weinbereitung wissen sollte. Nur noch eines bleibt mir jetzt zu erklären …

Wahrscheinlich wollt Ihr doch auch gerne wissen, wie die Güte des Weines, die „bonitas vini", um mit Pater Anselm zu sprechen, von dem Können und der Arbeit des Winzers abhängt. Was er tun muß, um einen guten Wein zu bekommen. Er muß das ganze Jahr über Entscheidungen treffen, die Kenntnisse und Mut verlangen, da sie alle mit einem Risiko verbunden sind.

Er muß für seinen Weinberg die passende Rebsorte wählen, die auf der Erde seines Weinbergs und seinem Klima den besten Wein bringt. Den Boden muß er bereiten, wie es Wetter und Lage erfordern.
Wenn er sich entschließt, Kräuter wachsen zu lassen, muß er die Kräuter so wählen, daß sie den Boden düngen und seine Feuchtigkeit regeln, wie es die Reben brauchen. Wenn er überlegt, wann er die Reben schneiden soll, muß er den Winter und das Bluten der Reben im Frühjahr bedenken, ebenso wie seinen Arbeitsplan. Er muß bei der Traubenlese den Zustand der Trauben erkennen und das Wetter vorausahnen. Die seinem Wein bekömmliche Art der Gärung muß er festlegen und den jungen Wein probierend prüfen, wann die Zeit des Abstichs gekommen ist. Schönen muß er den Wein, nicht zu stark und nicht zu schwach, damit er glänzend und klar wie Kristall ins Glas fließt, und Filter muß er einsetzen, ohne die Geschmackstoffe mit auszufiltern. Schließlich muß er erkennen, wann der Wein im Faß so weit gereift ist, daß er in Flaschen gelagert werden kann und dort seine volle Reife erlangt. Immer gibt es mehrere Möglichkeiten, und nur eine ist die, die seinem Wein am besten bekommt.
Aber bei all' dem dürfen wir nicht vergessen, daß heute für die Mönche in Eberbach eine besondere Nacht ist. Am Tag war es schon kalt. Am Abend und in der Nacht ist es noch kälter geworden und ich glaube …

... Ihr könnt selbst erleben, was sich bei einem Weinexperiment begibt. Schon seit einigen Jahren machen wir eine Versuchsreihe mit besonders späten Weinleseterminen.

Der Eiswein

Auf den Gedanken, die Traubenernte bis in die eisige Zeit des Winters hinauszuzögern, hat uns zuerst der Erfolg gebracht, den wir mit den spätgelesenen Trauben hatten, die Entdeckung der Spätlese. Dann hat Pater Anselm bei dem römischen Dichter Martial eine Stelle gefunden, in der dieser beschreibt, wie ein froststarrender Winzer späte Trauben liest. Schließlich haben vor vielen Jahren schon französische und

Mindestens 8 Grad minus ... Eisweinlese mit kalten Fingern im Steinberg (Hess. Staatsweingüter).

auch deutsche Winzer sowohl Most als auch Wein gefrieren lassen und dann die Eisstücke und damit Wasser aus dem Most oder Wein entfernt. So haben sie den Wasseranteil am Wein verringert. Das ist auch unser Bestreben. Wir haben überlegt, daß drei Dinge den Erfolg der späten Lese bewirkt haben: die edle Fäule, die volle Reife der Trauben und der Umstand, daß die Trauben insgesamt weniger Saft hatten als bei frühzeitiger Lese. Der Wasseranteil am Saft war geringer. Wenn aber der Wasseranteil geringer ist, wird natürlich der Anteil der Süße und der Geschmackstoffe größer. Der Wein wird reicher im Geschmack. Den Wasseranteil, so dachten wir, kann man zusätzlich dadurch kleiner machen, daß man die Trauben erst im Winter liest, wenn sie schon gefroren sind, und sie dann in gefrorenem Zustand in die Kelter bringt. Im Preßkuchen der Kelter bleibt dann viel Eis zurück. So gibt es zwar weniger Most, aber der Most, der aus der Kelter quillt, ist sehr gehaltvoll und stark.

Gefrorene Rieslingtrauben.

Den Wein, der aus diesem Most wird, den nennen wir, des Eises der Trauben wegen, Eiswein.

Da es viel Arbeit ist, diesen Eiswein zu bereiten und wegen der geringen Ausbeute und des großen Risikos die Kosten sehr hoch sind, arbeiten wir in den beiden Klöstern Johannisberg und Eberbach zusammen. Beide Klöster haben mir vor einigen Jahren einen Forschungsauftrag für Eiswein gegeben. Während des Versuches lesen wir in einem Jahr in Johannisberg und in einem Jahr in Eberbach.

Wir haben festgestellt, daß der Wein in seinem ersten Jahr noch nicht so wunderbar schmeckt, wie wir anfangs dachten.

Man kann zwar schon seinen besonderen Reichtum ahnen, die verschiedenen Geschmackstoffe stehen aber noch hart und unvermittelt gegeneinander. Mit den Jahren werden sie untereinander verträglicher, passen sich einander an und gelangen langsam zu einer ganz neuen Harmonie des Wohlgeschmacks. Erst spät erreicht der Eiswein seine Reife und wir brauchten viel Geduld, bis wir feststellen konnten, daß er ganz köstlich ist.

Beim Morgengrauen reiste Johann Wolfgang von Goethe ab und versprach, sich zu melden, sobald sein neues Buch geschrieben sei. So vergingen einige Sommer, der Eiswein reifte im Keller … Karl und Pater Anselm hatten den Besuch des Geheimrates schon fast vergessen, als ihnen eines Tages ein Bote kündete, der Geheimrat werde auf den Johannisberg kommen, um sein neues Werk zu präsentieren …

Wir umzingeln, wir umrauschen
Den durchaus bepflanzten Hügel, wo am Stab die Rebe grünt;
Dort zu aller Tage Stunden läßt die Leiden-
schaft des Winzers
Uns des liebevollsten Fleißes zweifelhaft
Gelingen sehn.
Bald mit Hacke, bald mit Spaten, bald
mit Häufeln, Schneiden, Binden
Betet er zu allen Göttern, fördersamst
zum Sonnengott.
Haben aber alle Götter, hat nun
Helios vor allen,
Lüftend, feuchtend, wärmend,
glutend, Beeren-Füllhorn
aufgehäuft,
Wo der stille Winzer wirkte,
dort auf einmal wird's lebendig,

Und es rauscht in jedem Laube, raschelt um von Stock zu Stock.
Körbe knarren, Eimer klappern, Tragebutten ächzen hin,
Alles nach der große Kufe zu der Keltrer kräft'gem Tanz;
Und so wird die heilige Fülle reingeborner saftiger Beeren
Frech zertreten, schäumend, sprühend mischt sich's, widerlich zerquetscht.

Und nun gellt ins Ohr der Zimbeln mit der Becken Erzgetöne,
Denn es hat sich Dionysos aus Mysterien enthüllt.

Nach der Schale tappen Trunkne, überfüllt sind Kopf und Wänste,
Sorglich ist noch ein und andrer, doch vermehrt er die Tumulte,
Denn um neuen Most zu bergen, leert man rasch den alten Schlauch!

NDE

*Diese liebevoll mißbrauchte Initiale
entstammt einer alten Handschrift aus dem Kloster Citeaux in Burgund,
dem Mutterkloster des Zisterzienserordens. (Anfang 12. Jhdt.)*

INHALT

Der Vortrag, den Pater Anselm und Karl dem Geheimrat Goethe über den Weinbau gehalten haben, konnte von uns, den Herausgebern dieses Kompendiums, aufgezeichnet werden. Zum besseren Verständnis haben wir den Vortrag mit einem Inhaltsverzeichnis versehen, in dem wir die einzelnen Themen dieses Vortrages aufgelistet haben:

Der Cabinetkeller 9
Der Weinberg 13
Die Rebsorten 15
Die Erdarbeit 18
Das Wetter 21
Das Hagelschießen 26
Die Reberziehung 28
Die Düngung 32
Das Rebenblut 35
Der Rebschnitt 40
Die Schädlinge und Krankheiten 42
Der Zeitpunkt für die Lese 47
Die Wetterregeln 49
Die Traubenlese 52
Der Keller 56
Die Keltern 61
Die Gärung 66
Der Rotwein 69
Das Abstechen 76
Das Schönen 78
Das Filtern 79
Das Abfüllen 81
Das Lagern 82
Der Eiswein 87

Abbildungsnachweise:

Allen, H. W.: A history of wine. London 1961 *60*

Ambrosi, H.; Becker, H. (Hrsg.): Der deutsche Wein. München 1978 *15, 24, 49*

Anex, P. (Hrsg.): Arts et métiers du vin. Denges-Lausanne 1979 *45 a, 68*

v. Babo/Mach: Handbuch des Weinbaus und der Kellerwirtschaft. 2 Bde.,

^{3}1910 *23 b, 26, 27, 30 b, 32, 43, 44, 55 a, 74*

Bassermann-Jordan, F. v.: Geschichte des Weinbaus. 3 Bde., Frankfurt

^{2}1923 *19, 30 a, 83 a*

Bildarchiv Preußischer Kulturbesitz *48*

Fotoarchiv zum Wortatlas der Kontinentalgermanischen Winzerterminologie, herausgegeben von Prof. Dr. Wolfgang Kleiber, UNI Mainz, dem an dieser Stelle für die Abdruckgenehmigung einiger Fotos gedankt sei. *23 a, 33, 41 b, 53, 54, 62 b, 69, 76*

Fotostudio Margielsky, Rüdesheim *36*

Gerlich, A. (Hrsg.): Weinbau, Weinhandel und Weinkultur. 6. Alzeyer Kolloquium (Geschichtliche Landeskunde Bd. 40). Stuttgart 1993 *18*

Goldschmidt, F. (Hrsg.): Der Wein von der Rebe bis zum Konsum. Mainz 1925 *66*

Hausenstein, W.: Zwiegespräch über den Don Quijote. München 1948 *82*

Hessische Staatsweingüter, Eltville *11, 64, 84, 87, 88*

Historisches Museum der Pfalz, Speyer *52, 83 b*

Knappe, K. A.: Dürer. Das graphische Werk. 1964 *16*

Müller Druck (Hrsg.): Kalender „850 Jahre Merdingen" (1990) *73*

Peyer, E.; Eggenberger, W.: Weinbuch. Zürich ^{5}1965 *45 b*

Schloß Johannisberg, Bildarchiv der Gutsverwaltung *10 a, 47*

Schreiber, G.: Deutsche Weingeschichte. Köln 1980 *31*

Stadtarchiv Worms, Graphische Sammlung 6/35 *25*

Stadtbibliothek Nürnberg: Hausbuch der Mendelschen Zwölfbrüderstiftung, 1388–1799. 3 Bde. *20, 40, 78, 81*

Troost, G.: Die Keltern. Zur Geschichte der Keltertechnik. Wiesbaden 1990 *62 a, 65 a, 65 b, 70*

Troost, G.: Zur Geschichte der Weinfiltration. Wiesbaden 1986 *79, 80*

Verwaltung der Vereinigten Hospitien, Trier *58*

Weinhold, R.: Vivat Bacchus. Zürich, Leipzig 1975 *28, 41 a, 42, 55 b, 61, 85*

Weinmuseum Brömserburg, Rüdesheim *10 b, 17, 35, 57, 67*

Woschek, H. G.: Der Wein. München 1971 *56, 93*

Ziegler, H.: Maulbronner Köpfe. 1987 *22*

Zweifler, F.: Lehrbuch des Weinbaues und der Weinbehandlung. Berlin 1924 *77*

Karl schreibt Weingeschichte!

Die Geschichte des deutschen Weinbaus. Das Buch bietet eine geschichtliche Abhandlung der Entwicklung des deutschen Weinbaus von den Römern bis heute, die zum einen durch informative Bilder unterstützt und zum anderen von Karls treuem Hund Grandpatte humorvoll begleitet wird.

KARL-Weingeschichte
ISBN 3-925771-06-9

Karls Ruf als Weinfachmann wird zudem durch folgende Comic-Bände belegt:

KARL · Der Spätlesereiter
Band 1 · ISBN 3-925771-02-6

KARL · Das Faß der Zisterzienser
Band 2 · ISBN 3-925771-04-2

KARL · Die Revolution
Band 3 · ISBN 3-925771-05-0

KARL · Der Fall Loreley
Band 4 · ISBN 3-925771-10-7